AF298718

NOTICE

SUR

LA VILLE D'AIGUESMORTES,

Par F. Em. di Pietro.

AVEC DEUX VUES DE LA VILLE ET UNE CARTE
DE SES ENVIRONS.

PARIS,

Chez DELAUNAY, Libraire, au Palais-Royal.

1821.

CARTE DES ENVIRONS D'AIGUESMORTES.

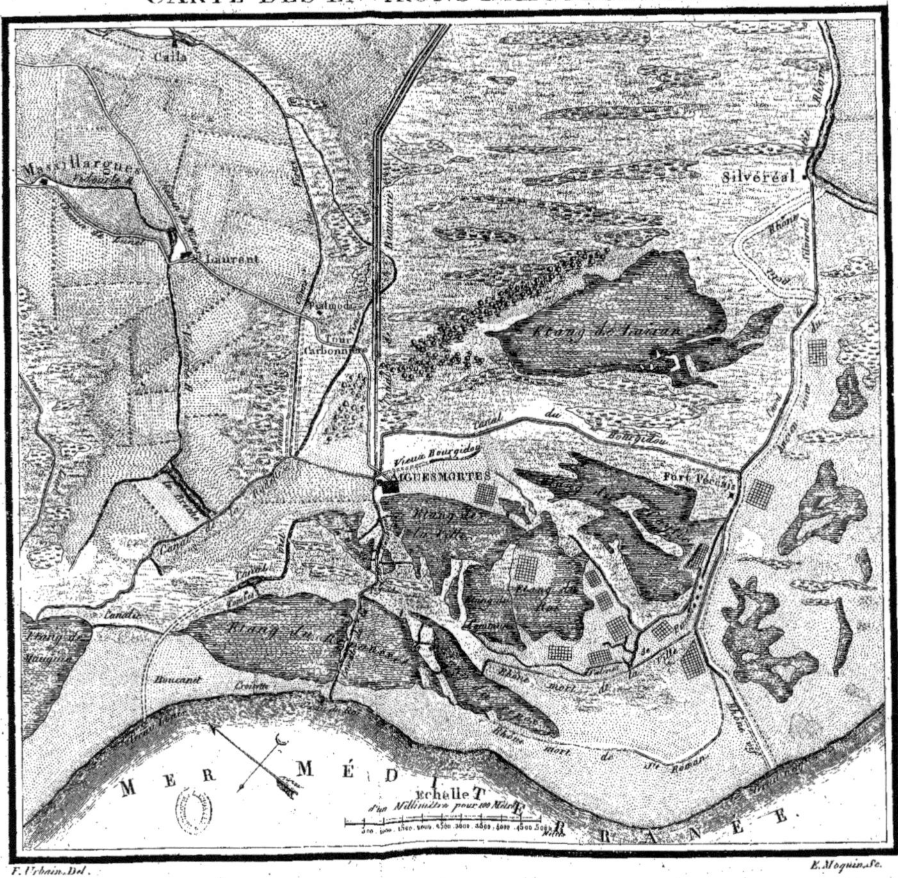

F. Urbain. Del.

E. Moquin. Sc.

AVERTISSEMENT.

Je voulais, dans un avant-propos, développer les motifs qui m'avaient induit à livrer, je ne dirai pas au public, mais à l'impression, mes recherches sur la ville d'Aiguesmortes ; je voulais faire pressentir l'intérêt et l'utilité que pouvait offrir cet ouvrage. Mais ceux qui éprouveront le désir de le lire, sauront d'avance que la ville d'Aiguesmortes, par les événemens historiques dont elle fut le théâtre, par l'éclat dont elle brilla dans les 13.ᵉ et 14.ᵉ siècles, par les monumens que Saint Louis y fit construire, enfin par les salines importantes qui l'avoisinent et les précieux avantages que procurerait au commerce la restauration de son port, méritait qu'on la tirât de l'oubli dans lequel, depuis trop long-temps, elle est tombée. Quant aux autres (ceux qui ne liront pas ma Notice), ils n'auraient pas lu davantage mon avant-propos.

Je me borne donc à prévenir que, ce qui n'est point le fruit de mes investigations sur les lieux même, ou dans les archives de la ville, je l'ai puisé principalement dans Joinville, Guillaume de Nangis, l'histoire générale du Languedoc, et l'histoire de Nismes par Ménard, autorités que je n'ai pas cru devoir citer à chaque page, afin d'éviter des notes trop multipliées.

Lith. de G. Engelmann.

Vue générale d'Aiguesmortes, prise du point où l'on
retrouve les restes du quai de St. Louis.

NOTICE

s u r

LA VILLE D'AIGUESMORTES.

Aspect général de la ville et de son territoire.

La ville d'Aiguesmortes, située dans le département du Gard, à 6 lieues environ de Nismes et à la même distance de Montpellier, s'élève, non loin de la mer, au milieu d'une vaste plaine couverte de marais, de sables et de quelques champs cultivés. Cette plaine est sillonnée par divers canaux de navigation, qui viennent tous se réunir dans un même bassin sous les murs de la ville. L'un, nommé la *Grande Roubine*, se dirigeant vers le sud-ouest, traverse l'étang du Repausset et s'embouche, au *Grau du Roi* (1), dans la mer Médi-

---

(1) On nomme *Graus* les ouvertures par lesquelles les étangs communiquent avec la mer. Ce mot dérive du latin *gradus* (passage).

1

terranée ; l'autre, le *Bourgidou*, se tourne vers l'Orient et va se joindre au Petit-Rhône, à l'écluse de Silveréal ; le troisième, le plus récemment construit, se prolonge vers le nord-est, à travers les marais qui séparent Aiguesmortes de Saint-Gilles, et reçoit à Beaucaire les eaux du Rhône ; le dernier, enfin, celui de la *Radelle*, s'unit par l'étang de Mauguio au canal des étangs de Sette, et, considéré comme un prolongement de celui de Beaucaire, établit une importante communication entre le Rhône et le canal des Deux-Mers.

A moins d'aborder à Aiguesmortes par l'un de ces canaux, on ne peut y arriver que par une longue chaussée, construite au milieu d'un marais qui s'étend vers le nord, et sépare cette ville des plaines fertiles que baigne le Vidourle.

Cerné de tout côté par les eaux, et comme isolé du reste de la France, le territoire d'Aiguesmortes présente un aspect particulier qui reporte l'imagination vers des temps reculés ou des pays lointains. L'immense tour qui domine la ville, les remparts élevés qui l'entourent, leurs portes en ogive, leurs créneaux, leurs mâchicoulis, tout ce vieux système de fortification rappelle les siècles tant vantés de la chevalerie. Quand on parcourt les environs de la ville, en dirigeant ses pas vers les bords du Rhône ou le rivage de la mer, on se croirait transporté dans ces champs du Nouveau-Monde ou de l'Afrique, que la main de l'homme n'a pas encore essayé de féconder. A peine a-t-on passé quelques terrains en culture, où la nature ingrate répond mal aux soins qu'on lui donne, l'œil ne découvre plus qu'une vaste étendue où s'élèvent quelques bois de pins et qu'entrecoupent des marais, des étangs, des lisières de sable et des landes humides, où croissent en toute liberté les ronces, les tamaris, les joncs et les roseaux. /Là, comme dans les plages désertes dont ce pays offre l'image, le sol est infesté de reptiles vénimeux ; des nuées d'insectes, altérés de sang, tourbillonnent dans les airs ; des taureaux indomptés, parcourant ces fangeux pâturages, s'arrêtent à l'aspect du voyageur et lui présentent en mugissant leurs cornes menaçantes ; des cohortes de chevaux blancs, errant sans conducteur, paissent tranquillement l'herbe salée des marécages. /Parmi les milliers d'oiseaux aquatiques dont les étangs sont couverts, souvent on aperçoit, rangés en file au milieu des eaux, des flammans navigateurs, qui naquirent sous les feux du Tropique, et qui prenant leur vol, au moindre bruit, déploient aux rayons du soleil leurs ailes flamboyantes. /Mais l'accident de ce pays qui retrace le mieux une nature étrangère, est celui qui frappe les regards, lorsqu'on pénètre, pendant les chaleurs de l'été, dans l'une de ces plaines sablonneuses. Après quelques instans de marche, on se voit tout-à-coup environné d'une eau limpide dans laquelle se réfléchissent, renversés, les arbres qui bornent l'horizon. On poursuit sa route en hésitant : à mesure qu'on avance l'inondation s'éloigne, et l'on reconnaît alors le mirage, ce phénomène qui trompa si cruellement la soif de nos soldats dans les déserts brûlans de l'Égypte.

Rien ne montrerait en ces lieux écartés les traces de l'industrie humaine, si ce n'était les salines de Peccais, que l'on rencontre dans la partie du sud, à deux lieues environ de la ville. C'est dans l'exploitation de ces salines, que la plupart des habitans d'Aiguesmortes puisent leurs principaux moyens d'existence, et qu'ils trouvent ainsi le courage de lutter contre l'insalubrité de l'air, occasionée par les eaux stagnantes qui empoisonnent cette contrée de leurs exhalaisons méphitiques.

Origine d'Aiguesmortes.

Lorsque Marius (l'an 650 de Rome, 102 avant J. C.), se préparant à combattre les Teutons et les Cimbres, eut assis son camp sur les bords du Rhône, il profita du loisir que lui laissaient en ce moment les barbares , pour faire creuser , depuis la partie navigable du fleuve jusqu'à la mer, un large canal dans lequel pussent remonter sans obstacles les bâtimens qui fournissaient des provisions de bouche à son armée (1). Une bourgade s'éleva bientôt sur le bord de ce canal, et en prit le nom de *Fossæ marianæ*. Telle est, suivant une opinion répandue dans Aiguesmortes, l'origine de cette ville et du canal de la Grande Roubine. Cette opinion , qu'ont partagée plusieurs écrivains et lexicographes (2) , s'appuie sur l'autorité de Claude Ptolomée , qui, dans sa description de la Gaule Narbonnaise (5), a placé le fossé de Marius entre la bouche occidentale du Rhône et la montagne de Sette. Quel que soit le crédit que l'on doive en général accorder au témoignage du géographe d'Alexandrie , on ne saurait douter qu'il n'ait commis en ce point une erreur. Pline le naturaliste (4), Strabon (5)

----

(1) Plutarque, Vie de Marius.
(2) César Nostradamus , histoire de Provence ; Scipion Dupleix , Mémoires de France ; Sébastien Munster , Cosmographie universelle ; Calepin , *Dictionnarium octo-ling.* , etc.
(3) Géographie, liv. 2 , chap. 10.
(4) Hist. natur. , liv. 5 , chap. 4.
(5) Géographie, liv. 4.

et Pomponius Mela (1), tous les trois antérieurs à Ptolomée et presque contemporains de Marius, s'accordent à fixer l'emplacement des *Fossæ marianæ* sur la rive gauche du fleuve, c'est-à-dire dans la partie de la Gaule Narbonnaise qui fut ensuite connue sous le nom de Provence (2).

Forcés d'abandonner une opinion qui flatte chez les Aiguesmortains le penchant qu'ont tous les citoyens des villes anciennes à reculer encore l'origine de leur patrie, nous pouvons présumer que la Grande Roubine, ce canal dont l'existence a précédé celle d'Aiguesmortes, se forma naturellement par les débordemens du Petit-Rhône (3), du Vistre (4) et du Vidour-

---

(1) *De situ orbis*, *lib.* 2, *cap.* 5.

(2) Leur assertion ayant été confirmée par des recherches topographiques, on tient aujourd'hui pour certain que le canal de Marius prenait naissance au-dessous d'Arles, traversait le champ pierreux de la Crau, et se terminait vers la tour de Bouc, et que le village de Foz, placé sur cette direction, est un reste de la ville qui s'était formée auprès des *Fossæ marianæ*. Voy. Astruc, Mém. sur l'hist. nat. du Languedoc.

(3) Le Petit-Rhône, branche occidentale de ce fleuve, qui s'en détache au-dessus d'Arles et se jette actuellement dans la mer au Grau d'Orgon, se perdait jadis dans les étangs situés au midi d'Aiguesmortes.

(4) Le Vistre, après avoir reçu les eaux de la Fou-

le (1), qui débouchaient dans les étangs voisins, et dont les eaux surabondantes trouvaient en ce lieu un écoulement facile dans la mer. Cette conjecture est d'autant plus probable que , si ces rivières n'étaient pas actuellement contenues par des chaussées élevées, leurs eaux, dans les momens de crue , prendraient encore la même direction.

Quoi qu'il en soit , la communication que cette espèce de canal procurait à cette partie de la côte, d'une part avec la Méditerranée , de l'autre avec le Rhône, dut engager de bonne heure à fixer là leur résidence ceux qu'attirait sur cette plage la pêche ou le trafic du sel.

Si l'on ne peut préciser l'époque où ces premières habitations se formèrent , on sait du moins que déjà , dans le huitième siècle , une tour , appelée *Matafère* , s'élevait sur l'empla-

---

taine de Nismes , se jetait dans les marais qui sont au nord d'Aiguesmortes. Il tombe aujourd'hui, partie dans le canal de la Radelle , partie dans celui de Beaucaire.

(1) Le Vidourle , qui prend sa source dans les Cévennes , se déchargeait autrefois dans l'étang de Mauguio. Mais le lit de cette rivière se rétrécissant vers son embouchure , ses eaux , lorsqu'elles étaient grossies par les pluies , se répandaient facilement dans

cement actuel d'Aiguesmortes (1); et sa destination ne pouvait être que de protéger une
réunion de colons.

Vers le commencement du même siècle, une
abbaye de Bénédictins s'était établie sur une
éminence qui domine ces plaines marécageuses (2). On la nommait *Psalmodi*, à cause
d'une psalmodie continuelle que les moines,
en se succédant les uns aux autres, y chan-
taient jour et nuit (3). Détruite par les Sarrasins,
vers l'année 725, dans leur invasion du midi
de la France, elle fut rebâtie en 788 (4), par

---

les terres voisines. Les chaussées qu'on éleva dans la
suite n'ayant pu contenir son cours, elle les rompit,
vers le milieu du dernier siècle, et depuis lors elle
se jette, presque toute entière, dans le canal de la
Radelle.

(1) Hist. gén. du Languedoc.

(2) A une demi-lieue d'Aiguesmortes, auprès de la
route qui conduit à Nismes, on voit encore les ruines
de cet antique monastère, sur lesquelles on a bâti une
métairie.

(3) Ce chant sans interruption, que Grégoire de
Tours appelle *Psalterium perpetuum*, était alors en
usage dans quelques couvens.

(4) Dans les chartes de cette époque, on désigne
l'abbaye de Psalmodi comme située dans une île : ce
qui contredirait l'existence de la tour de Matafère sur
l'emplacement d'Aiguesmortes, ainsi que l'indique

Charlemagne, qui lui donna la tour de Matafère.
Dès ce moment, les moines de Psalmodi s'attribuèrent la propriété de la bourgade qui
naissait autour de cette forteresse, et qui ne
tarda pas à recevoir son nom des eaux mortes
qui l'environnaient.

Relevée par Charlemagne, protégée par Louisle-Débonnaire, enrichie par les pieuses largesses
d'une foule de seigneurs, l'abbaye de Psalmodi jouit bientôt de la plus haute considération, et fut au nombre des monastères qui,
dans une assemblée générale tenue à Aix-la-
Chapelle, en 817, pour la réforme du clergé,
furent affranchis d'envoyer des présens ou de
fournir des soldats à l'Empereur, et soumis simplement à faire pour lui des prières. Elle
comptait alors cent quarante religieux.

Dans le siècle suivant, les Sarrasins, qui ne
cessaient d'infester nos côtes, la détruisirent de
nouveau. Les moines fugitifs cherchèrent un
asile auprès des seigneurs du voisinage, et n'eurent pas en vain recours à leur dévote munificence. En 1004, une assemblée de prélats et de
barons, parmi lesquels se trouvaient Adélaïde,

---

l'Histoire générale du Languedoc. Mais il est présumable que l'on considérait Psalmodi comme une île,
à cause de sa situation au milieu des marais.

comtesse de Provence, et Guillaume, comte de Toulouse, se réunit à Psalmodi même, et résolut de rétablir le monastère dans son premier état. A peine sortie de ses ruines, cette abbaye reprit une telle importance, que, dans l'année 1095, Raymond de St.-Gilles, comte de Toulouse, à qui les moines reprochaient ses injustes prétentions, se rendit au milieu d'eux, avec sa femme Elvire de Castille, et jura devant la maître-autel de ne plus réclamer à l'avenir les droits auxquels il avait voulu les soumettre.

Au sein de leur nouvelle prospérité, les religieux de Psalmodi songeaient sans doute à favoriser la population de leur ville d'Aiguesmortes, afin d'y attirer le commerce maritime, et d'accroître par ce moyen leur influence et leurs richesses. En effet, cette ville s'agrandit rapidement, et déjà dans le douzième siècle, elle voyait entrer dans son port des navires, partis de Gênes, d'Alexandrie et de presque tous les points de la Méditerranée (1). Tel est du moins

---

(1) L'existence du port d'Aiguesmortes au douzième siècle pouvant être révoquée en doute par ceux qui se rappelleraient qu'à la même époque, Saint-Gilles, qui se trouve bien plus avancé dans les terres, était un port très-fréquenté, où Louis le Jeune vint aborder, en 1148, à son retour de la Terre-Sainte, je dois faire observer que cette ville est située sur le bord du Petit-

le tableau qu'en trace un contemporain , le chanoine Bernard de Tréviez , dans son roman de
Pierre de Provence , si toutefois le passage con-
cernant Aiguesmortes n'a pas été , comme on l'a
prétendu (1), intercalé dans ce livre par Pétrarque
ou par Rabelais , lorsqu'ils l'ont l'un et l'autre
retouché.

En admettant quelque exagération dans le
récit du chanoine de Maguelonne, ou même
quelque altération dans son roman , néanmoins
il paraît constant qu'à cette époque, et surtout
au commencement du treizième siècle , la ville
d'Aiguesmortes avait acquis une certaine con-
sistance , puisqu'elle attira l'attention de Saint
Louis.

ACQUISITION FAITE PAR SAINT LOUIS DE LA VILLE
D'AIGUESMORTES.

Échappé au danger d'une violente maladie ,
ce Monarque, en 1244, avait fait vœu de se
croiser , et s'occupait des préparatifs de son
expédition. Résolu de se rendre d'abord en
Égypte, il lui fallait un port sur la Méditer-

Rhône, et que l'on arrivait à son port, en remontant
le cours de cette branche du fleuve.

(1) Astruc , Mém. sur l'hist. nat. du Languedoc.

ranée , capable de contenir un grand nombre de vaisseaux. Celui de Marseille , dont il pouvait disposer par sa double alliance avec Béatrix (1) , comtesse de Provence , ne lui suffisait pas. Montpellier et ses dépendances relevaient alors des rois d'Aragon ; l'ancien port de la ville d'Agde et celui de Saint-Gilles appartetenaient au comte de Toulouse , vassal infidèle, qui avait pris plus d'une fois les armes contre lui. Il jeta donc les yeux sur Aiguesmortes , qui d'ailleurs, par son excellente rade et sa communication avec le Rhône , lui présentait le port le plus convenable à ses vues. Il proposa à l'abbé de Psalmodi de lui en faire la cession; ce qu'il obtint , en donnant en échange une terre d'une vaste étendue, qu'il possédait auprès de Sommières , sur les bords du Vidourle.

L'acte de cette cession porte la date du mois d'août 1248 ; mais elle dut s'effectuer quelque temps auparavant. Dès l'année 1246, Saint Louis, considérant déjà la ville d'Aiguesmortes comme un domaine de sa couronne, et travaillant à rendre ce lieu plus conforme

---

(1) Elle était la femme de son frère , le comte d'Anjou , et lui-même avait épousé sa sœur aînée Marguerite.

à sa nouvelle destination , accorda, par lettres patentes du mois de mai, de nombreux privi-léges (1) à ceux qui viendraient y fixer leur demeure , et fit entreprendre à son port des travaux si considérables, qu'on ne craignit point, pour se procurer les matériaux néces-saires, de détruire plusieurs anciens monu-mens du voisinage, et même une partie des vieux tombeaux de l'église de Maguelonne (2).

EMBARQUEMENT DE SAINT LOUIS.

Vers le milieu de l'année 1248 , le port, en-tièrement restauré, avait reçu dans son enceinte une flotte nombreuse. Les croisés, arrivant en foule , dressaient leurs tentes autour de la ville et dans les environs Au commencement du mois d'août , le Roi , précédé de l'ori-flamme (3) , et portant la pannetière et le

---

(1) Ils seront rapportés plus bas, avec ceux qui fu-rent accordés par les successeurs de Saint Louis.

(2) Gariel, idée de la ville de Montpellier.

(3) L'oriflamme était l'enseigne rouge de l'abbaye de Saint-Denis. Louis-le-Gros fut le premier de nos rois qui la fit porter dans ses armées. Avant lui, le drapeau national était la bannière bleue de Saint

bourdon , insignes de son pèlerinage , entra dans Aiguesmortes. La reine Marguerite , ses frères Charles , comte d'Anjou , et Robert , comte d'Artois , l'accompagnaient , ainsi que plusieurs grands vassaux de la couronne et une multitude de chevaliers. Parmi eux , on remarquait les comtes de Flandres et de Bretagne , le sire de Beaujeu , connétable , le comte de Soissons , Philippe et Gui de Montfort , le vicomte de Polignac , Geoffroi de Sargines , Gaucher de Chatillon , Hugues de Lusignan et nombre d'autres gentilshommes (1) , qui , déjà célèbres par leur valeur , brûlaient de la signaler mieux encore dans la guerre sainte qu'ils avaient entreprise.

A peine Saint Louis fut-il arrivé , que les habitans , à qui ses premiers bienfaits en faisaient espérer de nouveaux , lui présentèrent un mémoire (2) , dans lequel , entr'autres fa-

---

Martin. Charles VII adopta le premier la cornette blanche.

(1) Je ne nomme point ici le sire de Joinville , si justement célèbre par la naïve relation qu'il nous a laissée de cette croisade. Il nous apprend lui-même qu'il alla s'embarquer à Marseille.

(2) Ce mémoire, qui se trouve dans les archives de l'Hôtel de ville de Nismes , est rapporté en entier dans les notes de l'histoire de Nismes , par Ménard.

veurs , ils demandaient que le Roi instituât dans leur ville un fête solennelle , à laquelle fussent tenus d'assister tous les archevêques , évêques , abbés , prévôts et barons , depuis Toulouse jusqu'au Puy ; qu'il leur procurât dans le port d'Acre l'établissement d'un consul et les mêmes franchises dont y jouissaient les Vénitiens , les Génois et les Pisans ; enfin , que le nom d'Aiguesmortes , de si mauvais augure , fût changé en celui de *Bonne par force* (Bona per forsa), qui leur semblait infiniment plus doux.

Si ces vœux ne furent point exaucés , du moins Saint Louis voulut signaler son passage par quelques établissemens utiles et pieux. Il ordonna la construction d'une tour , qu'on nomma la *Tour de Constance* , pour protéger la côte contre les incursions des ennemis ; celle d'un hôpital , pour recevoir les pèlerins qui reviendraient malades de la Terre-Sainte ; et la fondation d'un couvent de Cordeliers.

Tandis qu'il s'occupait de ces détails , il eut la visite de Raymond , comte de Toulouse , qui vivait alors en paix avec lui, et qui, l'année précédente , lui avait promis de le suivre dans son expédition. Retenu par le pape Innocent IV , qui voulait l'opposer aux entreprises que l'empereur Frédéric II pourrait tenter dans le midi de la France , Raymond venait faire connaître au Roi les motifs qui l'empêchaient de remplir sa promesse.

Cependant le rivage d'Aiguesmortes présentait le spectacle le plus animé. Les écussons et les bannières étalaient dans les airs les armoiries des chevaliers. Guidés par ces étendards, des milliers de soldats, revêtus de casques et de boucliers; armés, les uns de lances et d'épées, les autres de javelines ou d'arbalètes, ceux-ci de frondes, ceux-là de masses d'armes, et portant tous une croix rouge empreinte sur leurs vêtemens, défilaient successivement vers le bord de la mer. A chaque instant de nouvelles phalanges s'embarquaient ; et bientôt les mille vaisseaux (1) qui flottaient dans la rade eurent reçu trente-six mille combattans. Alors Saint Louis, rempli d'impatience, monte avec son épouse sur le navire qui lui était destiné. Les prêtres et les évêques entonnent un hymne sacré. A ces accens pieux, aux cris de joie des soldats et des matelots, les voiles se déploient, un vent favorable s'élève, et la flotte gagne la haute mer.

____

(1) Lorsque la flotte d'Aiguesmortes fut réunie à celle de Marseille, devant l'île de Chypre, il y avait, dit Joinville, dix-huit cents vaisseaux, tant grands que petits. On porte à soixante mille hommes la totalité des troupes composant cette expédition.

Ce fut le 25 août, que le port d'Aiguesmortes vit s'éloigner cette nombreuse émigration, ces princes, ces chevaliers, cette foule immense de Français, qui, animés d'un saint enthousiasme, abandonnaient leur patrie, leurs familles, les douceurs de la terre natale, pour aller sous un ciel étranger, à travers les plus grands périls, conquérir le tombeau de leur Dieu. Fatale expédition, qui n'eut pas un meilleur résultat que les précédentes, et qui, loin d'atteindre le but qu'on se proposait, ne contribua, comme les autres, qu'à procurer à l'Europe deux avantages qu'on ne prévoyait pas, et que, sans doute, on ne pouvait tarder d'acquérir : l'affranchissement des communes (1) et la renaissance des arts (2) !

---

(1) On sait que la plupart des seigneurs suzerains, pour subvenir aux dépenses de leur voyage, vendirent à plusieurs villes de leurs domaines les droits qu'ils exerçaient sur elles.

(2) Ce dernier avantage provint des relations qu'eurent les Croisés avec les Arabes et les Grecs de Constantinople, qui, seuls alors, cultivaient les sciences.

Situation du port au temps de Saint Louis, et prétendu reculememt de la mer.

On pense généralement que lorsque Saint Louis s'embarqua pour l'Égypte, la mer baignait les murs d'Aiguesmortes, et que, depuis cette époque, elle s'est retirée de plus d'une lieue. Des écrivains célèbres, entr'autres Voltaire (1) et Buffon (2), ont adopté cette opinion (3) et l'ont ainsi accréditée.

---

(1) « Il est sensible que la mer abandonne en peu « de temps ses anciens rivages. Voyez Aiguesmortes, « Fréjus, Ravenne, qui ont été des ports et qui ne « le sont plus. » (Essai sur les mœurs et l'esprit des Nations; introduction.)

(2) « Aiguesmortes, qui est actuellement à plus d'une « lieue et demie de la mer, était un port du temps « de Saint Louis. » (Théorie de la terre ; preuves, art. 19.)

(3) Parmi les autres écrivains qui l'ont adoptée, je citerai encore Velly, Ducange et l'abbé de Vertot. Le premier, après avoir parlé des travaux que Saint Louis fit faire au port d'Aiguesmortes, ajoute : « Bien- « tôt les sables s'accumulèrent; vingt ans suffirent pour « combler le port, et la ville se trouve de nos jours « à une grande lieue de la mer. » Le second, dans ses observations sur les mémoires de Joinville, dit : « A « présent il n'y a plus de port, et la mer ne vient qu'à « demi-lieue d'Aiguesmortes. » Enfin, le dernier, en-

Sans doute, il fut un temps où la mer rou-
lait ses ondes sur cette plage : les étangs et les
marais qui la couvrent en sont un témoignage
irrécusable ; mais ce temps est probablement
antérieur à l'existence d'Aiguesmortes. Du moins
il est certain qu'au siècle de Saint Louis, la
mer était déjà resserrée dans ses limites ac-
tuelles (1), et que la ville se trouvait, alors

---

chérissant sur tous, s'exprime ainsi dans son histoire
des Chevaliers de Malte, liv. 3 : « Saint Louis s'embar-
« qua ensuite à Aiguesmortes, port fameux alors, mais
« qui, par la retraite de la mer, qui s'est éloignée de
« quatre lieues de cette côte, se trouve aujourd'hui
« dans les terres. » — La même erreur se trouve répé-
tée dans des ouvrages publiés récemment, entr'autres dans la description topographique et statistique
de la France, dont la livraison sur le département du
Gard a paru en 1817.

(1) On serait tenté de croire que les écrivains, dont
je réfute l'opinion, ont pensé que la mer a d'elle-
même abandonné cette côte. Il se peut qu'un effet
semblable ait été produit sur d'autres rivages par le mouvement propre de la mer; mais sur la plage d'Aiguesmortes, comme l'inspection des lieux le démontre facilement, ce n'est point la mer qui s'est retirée d'elle-
même, c'est la terre qui l'a peu à peu repoussée, à
mesure qu'elle étendait ses propres limites par les dépôts
limoneux du Rhône, que chassait vers cette plage le
courant d'Est qui règne sur la côte européenne de la
Méditerranée. Ainsi se formèrent les bancs de sable, les

comme aujourd'hui , située à une lieue environ du rivage.

Cette vérité n'a pas besoin d'être démontrée pour les habitans d'Aiguesmortes, lesquels en ont la preuve dans la vieille tradition qui n'a jamais cessé de subsister parmi eux. Cette tradition même devrait suffire pour détruire l'opinion avancée par des écrivains qui , dans des ouvrages de longue haleine , ne pouvaient vérifier par eux-mêmes tous les faits accessoires dont ils avaient à parler. Il convient néanmoins

---

langues de terre, et dans leurs interstices, les marais et les étangs dont tout ce pays est couvert. Lorsque le Rhône , par l'effet de ces mêmes dépôts , eut prolongé son embouchure , lorsque son cours , contenu par les chaussées qu'on éleva pour prévenir les inondations, eut acquis plus de rapidité, il arriva que les sédimens que le fleuve entraînait, furent jetés plus avant dans la mer ; et dès-lors le courant d'Est les a portés au-delà du rivage d'Aiguesmortes. Ce changement de direction dans le mouvement des dépôts du Rhône avait dû s'opérer avant le siècle de Saint Louis. De nos jours , on dirait que le même courant ne se fait sentir sur cette côte, que pour en ronger les anfractuosités. En effet, une tour qui s'élevait, il y a moins de soixante ans , sur une partie avancée de la grève , en est maintenant éloignée d'environ trois cents toises, et quand la mer est calme , on en distingue la cime sous la surface des eaux.

d'en établir l'authenticité aux yeux de ceux qui préféreraient l'autorité des historiens à la voix quelquefois décevante des peuples.

C'est en parcourant l'espace qui sépare Aiguesmortes de la mer, qu'on trouve les documens les plus incontestables de mon assertion. Chaque pas que l'on fait sur cette plage révèle son ancienne existence. On est déjà loin de la ville, lorsqu'on rencontre, sur les bords de la Grande Roubine, les restes d'une construction, dont l'origine remonte si loin, que les habitans du pays, ayant oublié sa première destination, l'ont dès long-temps, dans leur langage, surnommée *la Peyrade* (1), ce qui veut dire amas de pierres. Auprès de ces débris, règnent deux vastes étangs, l'un nommé la *Marète*, l'autre le *Repausset*, qui subsistent depuis un temps immémorial, ainsi que le témoignent les archives de la ville (2). A par-

---

(1) La Peyrade est un mur très-épais, démoli jusqu'au niveau du sol, et formant un angle dont un côté est à peu près parallèle au mur méridional d'Aiguesmortes, et l'autre presque perpendiculaire sur le rivage de la mer. Le parement extérieur des pierres qui la composent, semble devoir assigner à cette construction la même origine qu'aux remparts ; mais l'on aurait peine à conjecturer quelles pouvaient être sa forme primitive et sa destination.

(2) Dans des lettres patentes de Charles VII, datées

tir du premier de ces étangs, se trouvent les vestiges d'un large canal, qui ne se rattache à aucun des travaux exécutés depuis Saint Louis, et dont le nom seul (*le Canal vieil*) atteste l'ancienneté. En suivant la trace de cet antique ouvrage, et près d'arriver à la mer, quelques fragmens de murs ruinés frappent tout-à-coup les regards. Si l'on marche au milieu de ces ruines, on entend le sol retentir, et l'on n'est pas éloigné de penser que de vieux sépulchres sont creusés sous vos pieds. Ce lieu, connu sous le nom des *Tombes*, paraît être, comme on le dit, l'emplacement de l'hôpital que Saint

---

du 6 avril 1434, il est dit que les habitans d'Aiguesmortes possèdent, *de toute ancienneté*, la jouissance d'un étang, dit de la *Marète*, ainsi que d'autres pêcheries situées auprès de la ville. Sous la dénomination *d'autres pêcheries*, il faut comprendre aussi l'étang du *Repausset*, dont il n'est fait mention, pour la première fois dans les archives, que dans une sentence du Sénéchal de Montpellier, du 19 septembre 1554, par laquelle les habitans sont maintenus dans le droit qu'ils avaient toujours eu d'y prohiber la pêche. Car si cet étang n'eût pas existé en 1434, et ne se fût formé que dans la suite, on posséderait le titre par lequel le Roi en aurait fait la concession aux habitans d'Aiguesmortes. Au reste, on trouvera dans la note de la page 24, une preuve irrécusable de son existence au treizième siècle.

Louis fit bâtir pour les pèlerins malades. Ainsi, ces tombeaux restent là pour nous rappeler la piété de ce Roi, et nous désigner, en même temps, la place où deux fois il quitta le sol de la France. En effet, non loin des *Tombes*, la direction du *Canal vieil* et la tradition indiquent l'emplacement du *Grau Louis*, dont le nom seul existe encore, et que l'œil ne peut plus reconnaître parmi les sables au milieu desquels il était situé.

Voilà donc, tout nous le démontre, voilà donc, à plus d'une lieue d'Aiguesmortes, la grève où venaient alors comme aujourd'hui expirer les flots de la mer.

En face du *Grau Louis*, la nature a pris soin de former un large bassin, garanti des tempêtes par un rocher qui court parallèlement à la côte, et qui, brisant sur sa crête l'impétuosité des vagues, les laisse ensuite rouler paisiblement jusqu'au rivage (1). Nulle rade dans tous ces parages ne pouvait être mieux choisie pour recevoir une flotte nombreuse ; les pilotes qui la connaissent y viennent encore de nos jours chercher un abri contre la fu-

____

(1) Ce rocher, long d'environ 400 toises, large de 100, reçoit sur sa crête 4 brasses d'eau. Le fond qui le sépare du rivage a 6 brasses d'eau de profondeur et 800 toises de largeur.

reur des vents ; et c'est là , sans doute , que mouillaient la plus grande partie des vaisseaux de Louis IX. Mais ce n'était point là ce qu'on appelait le port d'Aiguesmortes. Ce port existait sous les murs même de la ville. Lorsque les navires voulaient y remonter, ils entraient par le *Grau Louis* dans le *Canal vieil* , suivaient ce canal jusqu'à sa jonction avec la *Grande Roubine ,* et de là , par une ouverture qui subsiste encore , mais qui s'est beaucoup rétrécie, pénétraient dans l'étang qui baigne la partie méridionale d'Aiguesmortes. Cet étang, qu'on nomme l'*Étang de la Ville ,* et qui , depuis longues années , se comble de jour en jour, était alors très-large et très-profond , et formait le véritable port. Quoiqu'il ne conserve plus la trace distincte des ouvrages que Saint Louis y fit construire , on ne peut néanmoins douter que , même après la mort de ce Monarque , il ne donnât accès aux bâtimens de mer , puisqu'on voit attachés aux remparts de gros anneaux de fer qui servaient à les amarrer.

Les titres conservés dans les archives de la ville confirment , au surplus, tout ce que je viens d'avancer sur l'ancien emplacement du port et sur son éloignement de la mer (1).

---

(1) Le plus important , comme le plus ancien de ces

Pour achever de faire connaître quelle était, au temps de Saint Louis, la topographie d'Aiguesmortes, je dois dire un mot sur les autres communications de cette ville avec le Rhône et les étangs voisins. La première existait par le prolongement de la Grande Roubine, qui suivant alors en grande partie la même direction que

---

titres, est une information faite sous le Roi Jean, en 1363, moins d'un siècle après la mort de Saint Louis, pour constater l'état du port et les réparations qu'il convenait d'y faire. Les faits qu'on y trouve remontent presque au temps de ce dernier Monarque, puisqu'ils sont rapportés par les plus vieux habitans de la ville. Ils disent dans leur déposition, dont je traduis littéralement les paroles : « Qu'ils ont vu autrefois la « Roubine, faite anciennement à Aiguesmortes, si pro- « fonde et en si bon état, que les vaisseaux et grandes « barques pouvaient facilement et sans danger arriver « jusques auprès de la ville, et que, depuis qu'elle « s'est en partie comblée, les navigateurs n'osent « plus aborder à son embouchure, au lieu dit *Bouca-* « *net*, dans la crainte d'y être pillés. » Ainsi la partie de la plage la plus éloignée de la ville, cette plage, nommée *Boucanet*, qui se prolonge entre la mer et l'étang du Repausset, existait déjà dans ces temps reculés ; ainsi, au même lieu où l'on suppose aujourd'hui qu'était situé le *Grau Louis*, s'ouvrait effectivement un Grau par lequel les navires entraient dans une Roubine, qui n'était autre chose que le *Canal vieil*, et qui les conduisait sous les murs d'Aiguesmortes.

le canal actuel, nommé *Bourgidou*, contournait vers le nord les murs d'Aiguesmortes, se dirigeait ensuite vers l'orient, et allait joindre une branche du Rhône, laquelle, cessant là d'être navigable, descendait vers les salines de Peccais et se perdait ensuite dans les étangs situés au sud de la ville (1). Quant au canal de la *Radelle* qui, débouchant dans l'étang de Mauguio, établit une communication entre Aiguesmortes et les villes de Sette, Montpellier, Lunel, etc., il ne reste aucun titre qui nous apprenne la date de sa construction; mais il est évident qu'il existait déjà dans le treizième siècle, puisque à cette époque tout le commerce maritime de Montpellier ne pouvait se faire que par Aiguesmortes.

Avant d'exposer les brillans avantages que procurèrent à cette ville l'heureuse situation de son port et les bienfaits de Saint Louis, reprenons le cours des événemens historiques, et rejoignons ce Monarque, dont la vie se rattache si naturellement à mon sujet.

---

(1) C'est cette branche qu'on a depuis détournée, comme je le dirai plus bas, et qui se jette actuellement au Grau d'Orgon, sous le nom de Petit-Rhône.

Retour de Saint Louis.

Dans l'année qui suivit le départ de Louis, Aiguesmortes avait vu s'embarquer son frère Alfonse, comte de Poitiers, lequel, accompagné de sa femme, Jeanne de Toulouse, conduisait des renforts considérables à l'armée des Croisés. A son arrivée en Égypte, Louis IX, maître de Damiette, se disposait à marcher sur le Caire. Mais la victoire ne fut pas long-temps fidèle à ses bannières. Vaincu dans les plaines de la Massoure, privé par le glaive ennemi de son frère Robert d'Artois, tombé lui-même avec tous ses chevaliers au pouvoir des Sarrasins, on sait qu'il montra dans les fers autant d'héroïsme qu'il en avait déployé dans les combats; qu'ensuite, s'étant racheté en livrant Damiette pour sa personne et cent mille marcs d'argent pour ses sujets, il alla visiter en pèlerin les lieux qu'il avait espéré de soumettre à ses armes, et qu'enfin, instruit de la mort de sa mère, il se détermina à retourner dans son royaume.

En s'embarquant à Saint-Jean-d'Acre, le 24 avril 1254, avec les tristes débris de son armée, il avait l'intention d'aborder au port d'Aiguesmostes (1) ; mais forcé par la tempête

______

(1) Joinville.

de relâcher à Hyères, le 10 juillet, il se rendit par terre dans le Languedoc. Les historiens qui nous ont donné son itinéraire, marquent son passage à Saint-Gilles par une ordonnance (1), considérée comme le premier fondement de l'admission du Tiers-État dans les assemblées provinciales, et ne disent point s'il porta ses pas jusqu'à Aiguesmortes. Mais, puisque, dans ce voyage, dont Paris devait être le terme, il ne suivait point une route directe, et s'arrêtait partout où sa présence lui semblait nécessaire, n'est-on pas fondé à croire que, se trouvant si proche d'Aiguesmortes (2), il alla visiter cette ville, où depuis son départ tant de travaux avaient dû s'exécuter par son ordre, et où déjà il méditait de s'embarquer encore ? Quoi qu'il en soit, dans les premiers jours d'août, il partit de Nismes, et s'achemina vers la capitale, où l'appelaient depuis long-temps les vœux de tout son peuple.

-----

(1) Voy. l'Histoire du Languedoc, et l'Art de vérifier les dates, Chronologie historique des comtes et ducs de Toulouse.

(2) Aiguesmortes est à quatre lieues de Saint-Gilles.

SECONDE EXPÉDITION DE SAINT LOUIS.

Cependant la Croix , indice trop certain de sa constante résolution , restait empreinte sur ses vêtemens. Les soins qu'il donnait à l'administration du royaume , à la réforme des abus, à l'établissement des lois , au maintien de la paix entre les grands vassaux de la couronne , ne lui faisaient point perdre de vue ses projets sur la Palestine. Enfin , en 1267 , il proclama sa nouvelle croisade , et en fit aussitôt commencer les préparatifs.

Ce fut alors qu'il conçut le dessein d'entourer de remparts la ville d'Aiguesmortes : dessein que la mort ne lui permit pas d'accomplir lui-même. Le pape Clément IV, auquel il s'en ouvrit, l'y encouragea par une lettre , dont je vais donner la traduction littérale , et qu'on peut ajouter aux nombreux documens de la suprématie que ces Papes s'arrogeaient alors sur les têtes couronnées.

A notre très-cher Fils en J. C., l'illustre Roi des Français.

« Depuis que dans le port, connu vulgaire-
« ment sous le nom d'Aiguesmortes , vous
« avez construit à grands frais une tour

« pour y protéger le séjour des pèlerins et des
« marchands qui partent de là pour aller à
« la Terre-Sainte , nous savons qu'afin de ren-
« dre ce lieu plus sûr et plus commode par le
« concours des habitans , on vous a maintes fois
« sollicité et supplié d'y faire élever des rem-
« parts , au milieu desquels ils puissent bâtir
« des maisons et qui les garantissent , non-
« seulement des incursions des ennemis , mais
« encore de la fureur des vents , qui , lorsqu'ils
« soufflent librement en ce lieu , y poussent
« des monceaux de sable et le rendent inha-
« bitable. Afin que vous soyez indemnisé des
« frais que vous occasioneront la clôture et la
« garde de cette ville , il est juste que vous
« établissiez un impôt convenable sur lesdits
« marchands, soit qu'ils résident à Montpellier
« et dans les lieux circonvoisins , soit qu'ils
« conduisent ou reçoivent des marchandises
« dans ce port , et que cet impôt soit perçu par
« vous et par vos successeurs. Bien qu'il pa-
« raisse évident à quelques-uns que vous puis-
« siez, comme roi, établir dans votre royaume
« ces choses qui sont réclamées par l'utilité
« générale et même par une indispensable
« nécessité, néanmoins vous avez agi avec au-
« tant de sûreté que de prudence , en demandant
« notre conseil et notre consentement. Nous
« qui , depuis long-temps , connaissons par

(31)

« nous-même (1) la situation et l'état de ce lieu,
« nous désirons qu'il s'y élève une ville bonne
« et commode , d'autant plus que vous n'avez
« sur la Méditerranée aucun autre port conve-
« nable pour les pèlerins de votre royaume ,
« qui , enflammés plus que tous les autres du
« zèle de la Foi , se portent si fréquemment au
« secours de la Terre-Sainte.

« Par la teneur de ces présentes , nous per-
« mettons à Votre Altesse (2) d'appeler auprès
« d'elle ou auprès de la personne qu'elle dési-
« gnera , les prélats de la Province Narbonnaise,
« les barons voisins dudit lieu , les consuls de
« Montpellier et les communautés des lieux
« adjacens , afin que', d'après leur conseil , on
« statue ce qui dans cette affaire paraîtra le
« plus opportun. Vous aurez soin que cet im-
« pôt soit modéré , et qu'il ne puisse être aug-
« menté dans les temps à venir.

« Donné à Viterbe , le XI des kalendes
« d'octobre , seconde année de notre Ponti-
« ficat. »

---

(1) Clément IV (Gui Fulcodi ou Foucaut) était né à
Saint-Gilles. Il avait été successivement militaire ,
avocat au parlement de Paris et secrétaire de Saint
Louis.

(2) On sait que le titre de Sire ne fut donné aux
rois de France , que sous le règne de Louis XI , dans
le quinzième siècle.

Cependant on s'occupait avec activité des apprêts de l'expédition. Vers la fin de l'année 1269, des navires se réunissaient déjà dans le port d'Aiguesmortes, et des bataillons de Croisés venaient camper sous les murs de la ville. Un jour, le 8 septembre, tandis qu'on embarquait des armes et des munitions de guerre, un de ces vents impétueux, si fréquens dans cette contrée, vient suspendre tous les travaux. Les flots de la mer et les sables du rivage, soulevés par l'ouragan, se confondent dans les airs. Chacun s'apprête à fuir; mais tout-à-coup on aperçoit à l'horison deux vaisseaux luttant contre la tempête, et déployant la Croix dans leurs bannières. A ce signe révéré, on s'arrête, on fait des vœux pour le salut des pèlerins. Le vent redouble, les pilotes en saisissent la direction, et les vaisseaux sont jetés sur la plage. C'était Jacques I.er, roi d'Aragon, qui, cédant aux sollicitations de Saint Louis, venait de s'embarquer à Barcelonne avec la principale noblesse de ses États. Après quelques jours de repos, ce Roi, à qui ses nombreuses victoires remportées sur les Maures avaient valu le surnom de Conquérant, s'en fut à Notre-Dame-de-Vauvert, rendre grâces à Dieu d'avoir échappé à un péril si imminent, et puis, subjugué par les larmes d'une maîtresse, renonça pour toujours à son expédition : mélange singulier de

valeur , de dévotion et de libertinage , qui ca-
ractérise parfaitement l'époque dont je retrace
ici quelques souvenirs.

Enfin , Saint Louis , pensant que tout est
disposé pour son embarquement, va , le 14
mars 1270 , recevoir à Saint-Denis , des mains
du Cardinal-Légat, l'oriflamme et le bourdon
de pèlerin, et prend aussitôt la route d'Aiguesmortes. Trois de ses fils arrivent avec lui : Philippe , qui devait sitôt lui succéder , Jean
Tristan, comte de Nevers, qui , né dans l'Afrique , allait y mourir , et le jeune Pierre , comte
d'Alençon. A sa suite , on voyait , en outre ,
son neveu le comte d'Artois, qui brûlait de
venger la mort de son père , son gendre le Roi
Navarre, fils du célèbre troubadour, les comtes de Flandres et de Bretagne , les sires de
Brissac , de Levis , de Vendôme, de Nemours ,
le baron de Montmorency, en un mot, l'élite
entière des chevaliers français.

Mais quelle fut en arrivant la surprise de
Louis ! Les vaisseaux génois qu'il avait si chè-
rement frétés, et qui devaient compléter sa flotte,
n'avaient point encore paru. Forcé de retarder
son départ, et pressé par ses hauts barons de
se soustraire à l'air pernicieux d'Aiguesmortes,
il alla s'établir à Saint-Gilles, où il tint une
Cour plénière et reçut les ambassadeurs de
Michel Paléologue , empereur d'Orient , qui

Remparts et Tour de Constance.

Fidèle exécuteur des volontés de son père , Philippe-le-Hardi , à peine monté sur le trône, fit élever autour d'Aiguesmortes les remparts dont Saint Louis avait conçu le projet. Ces remparts, construits sur le plan de ceux de Damiette, subsistent aujourd'hui dans toute leur intégrité , et méritent d'être conservés , sinon comme objet de défense , du moins comme monument historique. Non-seulement ils présentent une image assez exacte de la ville égyptienne, et peuvent en même temps donner une idée des vieilles murailles de Jérusalem ; mais de plus ils sont , en France, le modèle le plus intact des fortifications du moyen âge.

Leur figure est celle d'un parallélogramme rectancle , émoussé sur l'un de ses angles , et dont la longueur est de deux cent quatre-vingt toises, et la largeur de cent soixante-dix. Bâtis en larges pierres taillées en bossage , ils s'élèvent à la hauteur d'environ trente-quatre pieds. Percés de meurtrières, garnis de mâchicoulis, couronnés de créneaux, ils sont flanqués de quinze tours, dont les unes sont carrées et servent seulement de passage , et dont les autres, doubles et cylindriques , renferment des chambres propres à recevoir des combattans. Au-dessous de

Vue de la Tour de Constance et d'une partie

celles-ci s'ouvrent de grandes portes en ogive, qui donnent entrée à la ville, et où l'on a pratiqué des coulisses intérieures pour les fermer solidement au besoin. Pour compléter ce système antique de défense, on avait creusé au pied des remparts un large fossé, qui, depuis bien des années, n'était redoutable qu'aux habitans par les vapeurs délétères qui s'en exhalaient. Il est actuellement comblé, et remplacé, sous le mur méridional, par un terrassement qui recule l'étang de la ville, et sert de promenade pendant l'hiver.

Vers l'angle émoussé des remparts, dans la partie intérieure, est assis le château, vaste bâtiment militaire, et à l'extérieur s'élève, au milieu d'un mur circulaire, la tour de Constance, cette tour dont quelques auteurs (1), se fondant sans doute sur le nom qu'elle porte, font remonter la construction jusqu'au siècle de Constantin, mais qui fut bâtie évidemment par Saint Louis, ainsi que le prouve la lettre de Clément IV, que j'ai rapportée plus haut (2).

---

(1) L'opinion de ces auteurs a induit en erreur quelques écrivains modernes, entr'autres M. de Jouy qui, dans son Ermite en province, à l'article de Montpellier, attribue la fondation de cette tour à l'empereur Constance-Chlore.

(2) On pourrait ajouter à cette preuve la tradition

Sa hauteur est de quatre-vingt-neuf pieds, son diamètre de soixante-six, et ses murs ont dix-huit pieds d'épaisseur.

Arrivé devant l'entrée de cette tour par le pont-dormant qui y conduit, si l'on songe qu'infidèle à sa première destination, elle ne fut long-temps consacrée qu'à renfermer des prisonniers d'état ou des victimes d'une religion dominante, on ne peut se défendre d'une émotion pénible et douloureuse. On pénètre dans l'intérieur par deux portes, doublées de fer, et roulant avec peine sur leurs gonds. Là se présentent deux vastes chambres voûtées et placées l'une au-dessus de l'autre. La première était sans doute occupée par la garnison, comme l'indique un four

du pays et des lettres patentes de Henri II, du mois de décembre 1547, dans lesquelles il est dit : « Saint « Louis..... édifia en ladite ville une grosse forte tour « qui est encore pour le jourd'huy. » — Deux écrivains, dont j'ai combattu l'opinion au sujet du reculement de la mer, Ducange et l'abbé Velly, se trouvent ici d'accord avec mon assertion. « Saint Louis, dit le pre- « mier dans ses observations sur les mémoires de « Joinville, fit bâtir en cet endroit la tour qu'on y voit « encore à présent, et que l'on appelle vulgairement « la tour de Constance. — Louis, dit le second, y « bâtit à grands frais une tour qui servait de phare « aux vaisseaux; c'est ce qu'on appelle aujourd'hui la « tour de Constance. »

creusé dans le mur ; dans la seconde , on renfermait pêle-mêle les prisonniers. L'une et l'autre ne sont éclairées que par l'étroite fente des meurtrières , et par une ouverture circulaire percée au milieu de leur voûte. Un escalier obscur et tortueux , ménagé dans l'épaisseur du mur , et muni de mâchicoulis qui plongent sur la porte d'entrée , conduit à la chambre supérieure, et puis à la plate-forme de la tour. Cette plate-forme, entourée de créneaux , était à la fois un lieu de défense et d'observation , et servait en outre à retenir les eaux pluviales , qui de là s'écoulent dans une citerne pratiquée dans le mur. Sur ses bords s'élève une tourelle de trente-quatre pieds de hauteur , et dont l'unique destination était de soutenir le phare qui la couronne. Ce phare , se trouvant ainsi à cent vingt-trois pieds au-dessus du sol, pouvait facilement, malgré son éloignement de la mer, être aperçu par les navires, comme il le serait encore aujourd'hui si on le tenait allumé.

A la fortification d'Aiguesmortes se rattache une tour, nommée Tour Carbonnière, et située à mi-chemin de la chaussée qui conduit à Psalmodi : bâtie dans le même style que les remparts , ayant évidemment la même origine , elle défendait l'approche de la ville.

Quant au fort qui commande les salines de Peccais , il n'avait été construit que pour leur

défense (1) ; et, s'il faut en juger par son architecture, il date d'une époque bien plus récente
que les autres fortifications d'Aiguesmortes.

PRIVILÉGES ACCORDÉS A LA VILLE D'AIGUESMORTES
PAR SAINT LOUIS ET SES SUCCESSEURS.

Munie de sa tour et de ses remparts, Aiguesmortes devenait une place de haute importance,
dans ces temps où les grands vassaux de la couronne prenaient si souvent les armes contre leur
Souverain. Elle se recommandait de plus à l'attention du Monarque, sous le rapport de l'industrie et du commerce, par les salines qui
l'avoisinent et par sa double communication
avec le Rhône et la Méditerranée. Mais l'insalubrité de son climat et la stérilité de son terrain devaient faire craindre qu'elle ne fût bientôt
dépourvue d'habitans. Philippe-le-Hardi, recon-

(1) Dans un avis des Trésoriers-de-France de la
Généralité de Montpellier, en date du 17 juin 1598,
il est rappelé, sans désigner aucune époque, qu'une
augmentation de 10 sous avait été mise sur la gabelle
pour la construction du fort de Peccais ; lequel,
ajoute-t-on, demeurerait inutile, si l'on ne fabriquait
plus de sel.

naissant la nécessité d'encourager sa population par de notables avantages, s'empressa de confirmer les nombreux priviléges que son prédécesseur lui avait accordés.

Par lettres patentes, données au mois d'août 1279, et qui ne sont qu'une répétition de celles de Saint Louis, les habitans d'Aiguesmortes furent affranchis de toutes tailles, de tout impôt, de tout emprunt volontaire ou forcé, de tout péage sur leurs denrées dans l'étendue des domaines du Roi, ils furent exempts de fournir des hommes pour le service militaire, hors des diocèses de Nismes, Uzès et Maguelonne; ils obtinrent la jouissance commune des pêcheries et pâturages qui les environnent, et le droit de chasse sur tout leur territoire; enfin ils eurent la faculté d'élire, tous les ans, parmi eux quatre consuls, investis de l'autorité municipale, du droit de nommer les membres d'un conseil politique pour les assister, et libres d'imposer les habitans pour les besoins de la communauté (1) : le Roi se réserva seulement

_____

(1) Bientôt l'élection des consuls ne se fit plus par les habitans assemblés, mais par le conseil politique. Elle avait lieu le 11 novembre, jour de Saint-Martin, patron d'Aiguesmortes, dont l'image est représentée dans les anciennes armoiries de la ville.

la nomination du juge (1), qu'il s'imposa l'obligation de ne point choisir parmi les habitans de la ville, et celle du capitaine-viguier (2) ou châtelain, charge qui fut ensuite exercée par le gouverneur (3), et qui réunissait le pouvoir judiciaire au pouvoir militaire.

---

(1) Si, dans ces premiers temps, un juge et le capitaine-viguier suffisaient pour rendre la justice, il n'en fut pas de même par la suite. Auprès de la *Viguerie*, qu'on appelait aussi *Cour royale*, et qui jugeait au criminel comme au civil, s'établirent d'autres juridictions : d'abord un *Siége de la Foraine*, pour connaître de la levée et perception des droits des fermes du Roi ; ensuite, un *Siége de Gabelle*, qui fut, en 1541, transféré par François I.er de Nismes à Aiguesmortes ; enfin, *un Siége d'Amirauté*, établi en 1630, et qui connaissait de toutes les contraventions aux lois maritimes. Dans cette complication de ressorts judiciaires, il arriva qu'il y avait plus de juges que de causes. Mais comme il fallait acheter ces divers offices et qu'ils ne rapportaient presque rien, la plupart d'entre eux étaient toujours vacans. Aujourd'hui Aiguesmortes n'étant que chef-lieu de canton, un seul juge-de-paix y suffit pour l'administration de la justice.

(2) Viguier (du latin *vicarius*) signifiait vicomte ou lieutenant du comte. On sait que dans les premiers temps de la monarchie, les comtes étaient des magistrats nommés par le Roi, chargés de rendre la justice et de commander les hommes d'armes.

(3) Outre le gouverneur, on nomma par la suite

Parmi les dispositions de ces lettres patentes, il se trouve quelques règlemens sur l'administration de la justice qui méritent d'être cités.

La question, ce mode affreux de procédure qui déshonora si long-temps nos tribunaux, ne pouvait être appliquée sur la déposition d'un seul témoin, à moins, est-il dit, que ce témoin ne soit plus notable et plus illustre personne que l'accusé : trait caractéristique d'une époque où tant d'avantages étaient dévolus à la supériorité du rang.

Les époux convaincus du crime d'adultère devaient courir nus par la ville, les parties honteuses couvertes, sans être fouettés, et en cas de récidive, ils étaient fouettés et bannis pour un certain temps (1).

En matière criminelle, comme en matière

---

un lieutenant-de-roi et un major. Les mêmes charges furent créées pour le fort Peccais. Excepté dans les temps de trouble, les gouverneurs ne résidaient pas. L'un d'eux, le marquis de Vardes, ayant encouru la disgrâce de Louis XIV, pour avoir dévoilé à la Reine, par une lettre pseudonyme, les galanteries de son époux, fut envoyé en exil dans son gouvernement. Aiguesmortes est aujourd'hui un simple poste militaire, commandé par un capitaine.

(1) Dans le reste de la France, la femme adultère était privée de sa dot et renfermée dans un couvent.

civile , le juge était tenu d'accorder un avocat
à l'accusé : salutaire institution , qui n'existait
peut-être alors que dans ce recoin du royaume ,
et dont la France entière n'a dû le bienfait
qu'aux travaux de l'assemblée constituante.

Les successeurs de Philippe-le-Hardi , déterminés par les mêmes considérations que lui,
et voulant d'ailleurs récompenser les Aiguesmortains des preuves de fidélité qu'ils en avaient
plusieurs fois reçues, les maintinrent dans la
jouissance de leurs priviléges , et se plurent
même à les augmenter.

Charles V , en 1373 , transféra dans la ville
d'Aiguesmortes la bourgeoisie royale que Philippe-
le-Bel avait instituée dans la part-antique (1)
de Montpellier , lorsqu'il l'acquit des évêques
de Maguelonne. Cette bourgeoisie était une sauvegarde offerte à ceux qui , fatigués de l'oppres-
sion de leurs seigneurs, voulaient devenir vassaux immédiats du Roi , et de laquelle ils jouissaient en acquérant une maison dans la ville
où elle était établie.

Depuis la création de la gabelle, les habitans

____

(1) On appelait ainsi une partie de Montpellier qui
n'avait jamais passé sous l'autorité des rois d'Aragon
ou de Majorque, seigneurs de cette ville , et dont
les évêques de Maguelonne avaient conservé la suze-
raineté.

avaient eu la faculté d'extraire des salines de Peccais le sel nécessaire pour leur consommation. Des contestations s'étant élevées à ce sujet, François I.er, par un édit du mois de mars 1543, fixa leur *franc-salé* à trente muids de sel (1).

A mesure que de nouveaux impôts s'établissaient, la ville d'Aiguesmortes en était toujours affranchie. C'est ainsi que, sous Henri II, elle fut exempte des droits de traite-foraine qui se percevaient sur les marchandises transportées à l'étranger ou d'une province à l'autre, de l'équivalent que les États du Languedoc payaient en échange des aides; sous Henri IV, d'un droit de patente imposé sur les denrées et les bestiaux : c'est ainsi qu'elle avait su même se soustraire, en 1475, à ce droit de franc-fief, auquel étaient assujetties envers le domaine les terres nobles ou franches de tailles, possédées par des roturiers. Mais la dîme fut toujours perçue exactement.

Cependant, vers la fin du dix-septième siècle, ses priviléges commencèrent à subir certaines restrictions. Ce ne fut que moyennant finance, qu'elle put, en 1693, s'exempter de payer au

---

(1) Environ 2,500 quintaux métriques. Dans ces derniers temps, les propriétaires des salines l'ont fait réduire à vingt muids, et en payent la valeur intrinsèque à la commune.

domaine royal les droits de cens, de lods et de ventes, exigés sur les terres tenues en fief. La capitation, établie en 1695, l'atteignit sans qu'elle osât former aucune réclamation. Elle n'évita, en 1710, l'impôt du dixième, qu'au moyen d'un don annuel; et celui du vingtième, créé dans l'année 1750 pour l'acquittement des dettes de l'état, pesa sur elle comme sur tout le reste du royaume.

Les efforts que, pendant si long-temps, firent les rois de France pour attirer le commerce maritime dans Aiguesmortes, répondirent aux autres bienfaits dont ils avaient comblé cette ville.

Saint Louis avait établi, pour être consacrée à l'entretien du port, la perception d'un denier pour livre sur la valeur des marchandises apportées ou exportées par les navires régnicoles et étrangers. Le roi Jean augmenta ce droit d'un autre denier, qui se percevait, sous le nom de *claverie*, au profit de son domaine. Lorsque des droits plus considérables furent généralement exigés dans les ports du royaume, une exception fut faite en faveur d'Aiguesmortes. Les fermiers du fisc ayant voulu la méconnaître, Charles VII déclara, par lettres patentes du 21 mars 1436, que, sous aucun prétexte, on ne devait à l'avenir percevoir d'autre droit que celui des deux deniers. Cette disposition fut depuis fidèlement exécutée.

Mais la faveur la plus importante accordée au port d'Aiguesmortes, consistait dans l'obligation imposée à tous les navires marchands, sous peine de confiscation, d'y aborder et d'y payer le droit établi , aussitôt qu'ils apercevaient le phare de la tour de Constance. Le titre primitif de ce privilége ne se retrouvait déjà plus en 1329; mais des lettres patentes, rendues cette même année par Philippe de Valois, attestent, d'après une information faite par le sénéchal de Beaucaire, qu'il existait de toute ancienneté. Le roi Jean le confirma en 1350. Cependant la ville d'Agde réclamait contre une disposition si funeste à son commerce, et souvent employait la force pour appeler les navires dans son port. Celle de Montpellier, trouvant plus d'avantages à se procurer ses denrées par les Graus qui l'avoisinent, et d'ailleurs alléguant le mauvais état du port d'Aiguesmortes, obtint , en 1364 , du Maréchal de France qui commandait pour le Roi dans ses murs (1) , l'autorisation de se servir des graus de Lattes

____

(1) En 1349, Jacques III, roi de Majorque , avait vendu la seigneurie de Montpellier à Philippe de Valois.

et de Cauquillouzes. Aiguesmortes fit parvenir ses plaintes au pied du trône; et Charles V, en 1366, ordonna de ne faire le commerce maritime du Languedoc, que par l'ancien port de Saint Louis. Cet ordre, renouvelé en 1407, par le roi Charles VI, fut cependant mal observé. Les navires profitant des troubles de cette époque, se frayaient un passage à travers les graus de Marseillan, de Balaruc, de Maguelonne, de Pérols. Charles VII, accueillant les nouvelles réclamations des Aiguesmortains, rendit, en 1423, des lettres patentes pour interdire ces nouveaux passages et soumettre les navigateurs à l'obligation qui, depuis si longtemps, leur était imposée. La Cour royale de Montpellier fut obligée d'enregistrer ces lettres et de les faire publier à son de trompe dans toute l'étendue de sa juridiction.

Ce privilége fut encore confirmé, en 1492, par Charles VIII, et en 1557, par Henri II. Mais ces confirmations, il faut le dire, n'étaient plus alors qu'une vaine formalité.

SITUATION D'AIGUESMORTES AU 14.ᵉ SIÈCLE.

Dotée de si grands avantages, Aiguesmortes jouit pendant un siècle, à partir de Saint

Louis , de l'état le plus florissant. Chaque jour de nouveaux habitans accouraient dans ses murs. Les uns venaient y chercher un asile contre la tyrannie de leurs seigneurs ; les autres y fuyaient ces bandes de vagabonds armés qui désolaient alors nos provinces ; la plupart étaient amenés par le désir de participer aux nombreux priviléges dont la ville était enrichie. L'affluence des étrangers fut telle , que les consuls se virent obligés de se montrer sévères sur l'admission de ceux qui ne pouvaient donner des gages de leur bonne conduite. En même temps, le commerce acquérait de jour en jour une nouvelle activité. Les Bourguignons , descendant le cours du Rhône , apportaient jusque sous les murs de la ville leurs bois , leurs toiles et leurs blés , qui de là se dirigeaient sur Montpellier et le reste du Languedoc. Les vins déjà célèbres de cette province venaient joindre les sels d'Aiguesmortes, et remontant ensemble la route qu'avaient suivie les Bourguignons , se répandaient dans l'intérieur de la France. Ces mêmes denrées , s'unissant aux étoffes de laine que Nismes fabriquait à cette époque , s'expédiaient en abondance pour les climats les plus éloignés. Le port voyait flotter dans son enceinte les bannières de toutes les nations alors commerçantes. Les Grecs de Constantinople et les navires d'Alexandrie arrivaient avec les riches étoffes de l'Orient et les épiceries de l'Inde. Les Vénitiens, les Génois, les Florentins apportaient des soieries, des glaces, des bijoux, enfin tous les produits nouveaux de l'industrie italienne. Les Catalans, les Barbaresques même débarquaient en ce lieu les productions de leurs contrées. Le mélange de tant de peuples, les nombreux rapports qu'ils avaient entre eux, provoquèrent une décision souveraine pour autoriser dans la ville le libre cours de toutes les monnaies. Dans ces temps de prospérité, Aiguesmortes recevait quelquefois la visite des rois de France. En 1349, elle posséda dans ses murs Philippe de Valois qui se rendait à Montpellier, travaillant alors à réunir cette cité au domaine de sa couronne. Elle jouit, en 1351, de la présence du roi Jean, qui, après avoir tenu dans la même ville les États de la province, retournait à la Cour du Pape, dans Avignon.

Mais, à dater de cette époque, elle vit approcher le terme de ses prospérités. Agde et Montpellier redoublaient à chaque instant leurs efforts pour usurper une partie de son commerce; et bientôt les sables de la mer, servant trop bien leur jalousie, opposèrent un obstacle à l'entrée des vaisseaux dans le port. Le roi Jean, cédant aux prières des habitans, envoya, en 1363, le sénéchal de Beaucaire,

pour constater l'état des lieux, et des réparations furent ordonnées. On rouvrit sur la
plage de Boucanet l'ancien grau de Saint-Louis,
on recreusa la Roubine qui conduisait les navires dans l'étang de la ville, et l'on rendit
de nouveau navigable le canal qui se joignait
au Petit-Rhône, et qui, vers cette époque,
prit le nom de *Bourgidou*. Ces travaux furent
continués sous Charles V, qui, en 1366, donna
pouvoir au duc d'Anjou, son lieutenant-général en Languedoc, de faire contribuer toutes
les communautés voisines aux dépenses qu'ils
exigeaient. Mais la trace de ces travaux, sans
doute mal exécutés, fut bientôt effacée par
les sédimens qu'apportaient la mer et le Rhône.
En peu de temps, toutes les communications
furent encore fermées. La navigation intérieure
cessa, et les navires étrangers, contraints de
s'arrêter sur la plage, où, dénués de secours,
ils restaient exposés aux déprédations des pi-
rates, allèrent chercher ailleurs un port plus
assuré. A la perte du commerce se joignirent
des maux plus grands. Les eaux, privées de
toute circulation, devinrent de plus en plus
croupissantes, et les miasmes qui s'en exhalaient portèrent la mort dans le sein de la
ville, où bientôt on ne vit plus que quelques
livides habitans. Déjà, vers cette époque, la
tour de Constance, présentant vainement son

phare aux navires qui l'évitaient, fut destinée à d'autres usages. En 1375, elle reçut et garda long-temps dans ses murs Charles d'Artois, comte de Pézenas, vassal rebelle à son roi, que le duc d'Anjou avait fait arrêter.

Pendant la dernière année de ce siècle, de nouvelles réparations furent entreprises par les ordres de Charles VI ; mais elles ne purent ramener la vie et l'activité dans cette ville, qui bientôt jouant un rôle dans les tristes événemens dont la France devint la théâtre, eut sa part des malheurs publics,

MASSACRE DES BOURGUIGNONS.

Depuis la démence de Charles VI, des factions déchiraient le royaume. Sa femme Isabelle et les Princes du sang se saisissaient tour-à-tour des rênes de l'État. Le peuple, accablé d'impôts et de vexations, s'en vengeait par des soulèvemens et se mêlait à ces querelles. Les uns, revêtant la bande et le chaperon blancs, embrassaient le parti des princes que commandait le comte d'Armagnac, et que plus tard commanda le Dauphin ; les autres, prenant la croix rouge de Saint André, adoptaient la cause du duc de Bourgogne ; et tous, suivant l'exemple donné par les grands, se combattaient par des assassinats. La France, dévastée sur tous les points par le pillage, le meurtre et l'incendie, n'était plus qu'une plaie de toutes parts saignante.

L'impudique Isabelle et le duc de Bourgogne venaient, en 1418, de signaler leur entrée à Paris par le massacre de tous les Armagnacs, lorsque les Bourguignons, commandés par Louis de Châlon, prince d'Orange, pénétrèrent dans le Languedoc. Maître de Nismes et de Montpellier, ce prince se présente devant Aiguesmortes. Les habitans se disposaient à se défendre; mais Louis de Malepue, leur châtelain, livre sans combat la place à l'ennemi. Indignés de cette trahison, les plus notables d'entre eux s'échappent furtivement et vont à Beaucaire, qu'occupaient les troupes du Dauphin, protester de leur fidélité. Leurs femmes et leurs enfans étaient restés dans la ville. Le châtelain fait retomber sur eux sa vengeance, et devient ainsi l'objet de l'exécration générale.

Cependant le Dauphin, évadé de Paris, parcourait les provinces. En 1420, il entre dans le Languedoc. Toulouse et Montpellier le reçoivent sans résistance; Nismes et le Pont-Saint-Esprit sont enlevés d'assaut. Bientôt il ne reste plus aux Bourguignons qu'Aiguesmortes et Sommières. Mais, apprenant alors que sa mère et le duc de

Bourgogne, d'accord avec les anglais, ont déter-
miné l'infortuné Charles VI à déclarer le Roi
d'Angleterre héritier de la couronne de France,
il quitte le Languedoc , et confie à Guillaume
de Meuillon, sénéchal de Beaucaire , le soin
de former le siége d'Aiguesmortes. Les Bourguignons, derrière ces remparts qui , pour la
première fois , protégeaient la rébellion , résis-
tèrent long-temps avec impunité. Le siége, commencé au mois d'août , durait encore à la fin
de l'année. Alors le Dauphin , dont le parti
grossissait tous les jours, donne l'ordre à Charles
de Bourbon , comte de Clermont, son capi-
taine-général en Languedoc, d'aller lui-même
en diriger les opérations. Le comte de Clermont
arrive avec un renfort de troupes et quelques
pièces d'artillerie , dont l'usage était encore
nouveau. Il cerne de tout côté la place. Louis
de Malepue, qui jusqu'à ce moment avait fait
de fréquentes sorties et dévasté les environs,
se vit contraint de rester enfermé dans les
murs. Mais , pourvu d'abondantes provisions ,
et défendu par des remparts qui redoutaient
peu les assauts et moins encore l'artillerie grossière de cette époque , il aurait pu se main-
tenir long-temps, s'il n'avait trouvé dans la ville
même les causes de sa défaite prochaine. Les
habitans, de plus en plus fatigués de ses con-
tinuelles vexations , et ne respirant qu'après

leur délivrance, parvinrent à se procurer des intelligences parmi les assiégeans, et combinèrent avec eux les moyens de leur livrer la place.

Une nuit, vers la fin de janvier 1421, les plus déterminés d'entre eux se rendent en silence aux portes de la ville. La garde surprise est égorgée sans résistance. Les troupes du comte de Clermont, qui s'étaient avancées sans bruit, sont introduites aussitôt. Les habitans les conduisent au quartier des Bourguignons. Vainement ceux-ci tentent de fuir ou de se défendre; ils sont tous impitoyablement massacrés. Animés par le sang qu'ils viennent de répandre, les soldats et les citoyens, armés de flambeaux, se précipitent vers la maison du roi qu'occupait le châtelain. Furieux de ne l'y point trouver, ils y mettent le feu; et l'incendie dévore, avec tous les effets de ce gouverneur infidèle, les titres que la ville avait jusques alors conservés avec tant de soin (1). Au point du jour cependant

____

(1) La ville d'Aiguesmortes s'est, depuis, procurée la copie d'une partie des titres perdus à cette époque, soit à Nismes, soit en d'autres lieux. L'acte de cession faite par l'abbaye de Psalmodi s'est retrouvé dans les archives de la Trésorerie de Carcassonne. Les lettres patentes de Saint Louis n'existent point dans les archives d'Aiguesmortes, mais elles sont rapportées dans le *Traité du Franc-Alleu*, publié en 1637, par M.ᵉ Augustin Galland, avocat au Parlement de Paris.

on parvient à découvrir Malepue dans le réduit où il s'était caché. Le peuple irrité allait le mettre en pièces; mais le comte de Clermont, voulant conserver envers lui quelque forme légale, prononce sa condamnation et le fait décapiter. Les cadavres étaient si nombreux, qu'on prit le parti, pour éviter le pernicieux effet de leur corruption, de les entasser tous, sous des monceaux de sel, dans une des tours de la ville, qui se nomme encore aujourd'hui la *tour des Bourguignons* (1).

S'il faut en croire la tradition d'Aiguesmortes et l'assertion de quelques écrivains (2), c'est de là que provint l'épithète de *Bourguignon salé*, qui fut long-temps donnée aux habitans de la Bourgogne (3).

---

(1) La plupart des détails contenus dans cet article sont tirés de diverses lettres patentes de Charles VII.

(2) Hist. du Lang. — La Porte, voyageur français, etc

(3) Bernard de Palissy, qui vivait au 16.ᵉ siècle, prétend néanmoins, dans son *Traité des sels divers*, que ce nom provenait de l'usage dans lequel étaient les Bourguignons de mettre du sel sur la bouche des enfans, quand on les baptisait; usage qui depuis s'est généralement répandu.

(57)

AIGUESMORTES AU 15.ᵉ SIÈCLE.

Le Dauphin , qui depuis la mort de son
père , en 1422 , avait pris le titre de Roi et
le nom de Charles VII , combattait encore les
usurpateurs de son trône , lorsque , songeant
à récompenser Aiguesmortes du dévouement
qu'elle avait montré pour sa cause , il rendit
plusieurs lettres patentes (1) en faveur du commerce de cette ville. Mais la triste situation de
ses finances ne lui permit pas , sans doute,
d'ordonner les réparations qui seules pouvaient assurer l'effet de ses dispositions bien-
veillantes.

Le port resta dans un état si déplorable ,
que les Génois purent impunément , en 1445 ,
enlever une galère royale , mouillée dans la
rade ; capture qui fut l'occasion de quelques
hostilités contre la république de Gênes.

Sous le même règne, en 1457, les portes
de la tour de Constance s'ouvrirent encore
pour recevoir un prisonnier d'état. C'était le
duc d'Alençon, accusé d'avoir offert aux Anglais les moyens de rentrer dans la Norman-
die, tandis qu'ils étaient enfin chassés de pres-

---

(1) Ce sont entr'autres celles, citées plus haut, des
années 1423, 1434 , 1436.

que toutes les parties de la France. Ce Prince languit plus d'un an dans cette étroite prison , et n'en fut retiré que pour être transféré à Vendôme , où la Cour des Pairs le condamna à mourir sur l'échafaud.

Sous les successeurs de Charles VII , le port dépérit de plus en plus. Et tandis que l'autorité royale se bornait à confirmer des priviléges devenus illusoires, les Aiguesmortains en étaient réduits , s'ils voulaient ne point voir se fermer toute communication avec la mer, à faire à leurs propres dépens les réparations les plus indispensables.

Réparation du port sous François I.er.

Enfin, en 1530 , privée de tout commerce , désolée par les maladies , la ville d'Aiguesmortes adressa de nouvelles doléances au conseil du Roi. François I.er régnait alors. Ce Monarque venait de consolider sa paix avec l'empire par son mariage avec la sœur de Charles-Quint , et s'occupait à réparer dans son royaume les maux qu'avait occasioné la guerre. Il accueillit favorablement d'aussi justes réclamations. D'après ses ordres , les Trésoriers-de-France nommèrent des commissaires pour examiner les lieux et déterminer les travaux qu'il convenait de faire. On reconnut que l'ouverture et le canal par lesquels la mer communiquait avec l'étang de la ville, et que cet étang lui-même, cet ancien port où jadis flottaient tant de voiles, étaient presque entièrement comblés par le sable et surtout par la vase qu'y déposait le Rhône. Ainsi, non-seulement les navires ne pouvaient plus remonter dans le port; mais les eaux des étangs, adoucies par celles du fleuve qui n'avaient plus d'écoulement, devenaient impropres à la fabrication du sel. Pour remédier à ce double dommage, on sentit la nécessité d'éloigner la principale cause du mal. L'enquête terminée et les ordres nécessaires donnés, les travaux commencèrent en 1532. D'abord, à l'endroit où le Rhône se divise en deux branches, on construisit des ouvrages propres à rejeter dans celle qui passe sous les murs d'Arles, une partie des eaux qui affluaient dans l'autre; et là où celle-ci se détournait vers les étangs d'Aiguesmortes, on ouvrit un canal pour la conduire directement à la mer, au-dessous des salines de Peccais. Cette nouvelle embouchure du Petit-Rhône fut nommée le *Grau neuf*. En outre, le port et toutes ses communications furent nettoyés avec le plus grand soin. Deux années entières furent consacrées à ces salutaires travaux.

Dès ce moment, mais non pas pour long-temps, Aiguesmortes vit reparaître à la fois dans ses murs, l'industrie, le commerce et la salubrité.

~~~~~

Chapitre Collégial.

Tandis qu'Aiguesmortes reprenait une nouvelle existence, les moines de Psalmodi se virent réduits à venir chercher un asile dans une ville qui leur avait jadis appartenu.

Les sectateurs de Luther commençaient, à cette époque, à se répandre dans la France et principalement dans le Languedoc. Usant parfois de représailles contre la persécution dont ils étaient déjà l'objet, ils se livraient en divers lieux à quelques excès condamnables. L'abbaye isolée de Psalmodi s'étant trouvée plus d'une fois exposée à leurs insultes, François I.er, en 1537, obtint en sa faveur, du pape Paul III, une bulle de sécularisation qui transforma ce monastère en un chapitre collégial, dont la résidence fut fixée à Aiguesmortes. Si ce chapitre, héritant des droits de l'abbaye, n'était point, comme elle le fut jadis, le maître de la ville, du moins en resta-t-il, comme elle, le décimateur; et même il le fut encore, après que Louis
~~~~~

XIV , en 1694, l'eut réuni au chapitre cathé-
dral· d'Alais.

<center>~~~~~</center>

ENTREVUE DE FRANÇOIS I.ᵉʳ ET DE CHARLES-QUINT.

Les Aiguesmortains s'abandonnaient encore
à leurs transports de reconnaissance envers
François I.ᵉʳ, quand ils eurent le bonheur de
voir au milieu d'eux ce monarque , entouré de
sa famille, de sa cour, et en présence de son
rival de gloire.

En 1536, la guerre s'était rallumée. Le pape
Paul III, devenu médiateur entre les deux souverains, était parvenu , en 1538 , à les attirer
dans la ville de Nice, et à leur faire signer ,
le 18 juin, une trève de dix ans; mais ils avaient
l'un et l'autre refusé de se voir. François I.ᵉʳ reprenait la route de sa capitale, lorsque, dans les
premiers jours de juillet, il reçoit à Avignon
un courrier de Charles-Quint que les vents
contraires avaient forcé de relâcher sur les
côtes de la Provence , et qui, par une détermi-
nation aussi subite qu'inexplicable, lui proposait une entrevue à Aiguesmortes. Le Roi l'ac-
cepte , et se rend à Vauvert (1) , où bientôt
toute sa Cour vient le joindre. Le 14 juillet ,

____

(1) A trois lieues d'Aiguesmortes.

On lui annonce que l'Empereur est entré dans la rade avec soixante-quatre vaisseaux, y compris vingt-quatre galères de France qui l'avaient accompagné depuis Marseille (1). Il monte aussitôt à cheval, et des clameurs de joie l'accueillent dans Aiguesmortes. Auprès de lui chevauchaient sa femme Éléonore, la princesse Marguerite, sa fille, Catherine de Médicis, épouse du Dauphin, Henri, roi de Navarre, et la femme de ce dernier, la reine Marguerite, que ses nouvelles et ses poésies rendent encore célèbre. Venaient ensuite le connétable de Montmorency, le vieux duc de Lorraine, le duc de Guise, père du Balafré, le duc de Wirtemberg, des cardinaux, des évêques, le chancelier de France, les présidens du parlement de Paris et les principaux personnages de la Cour.

Après s'être reposé quelques instans dans la maison du sieur de Franc-Conseil, premier consul de la ville, le Roi, suivi du cardinal de Lorraine et de quelques autres seigneurs, s'embarque sur une petite galère, et se dirige vers la rade. A son approche, l'Empereur s'avance

––––––

(1) Ces détails sont tirés, presque mot à mot, d'une rélation conservée dans les archives de la ville, et qui se retrouve à peu près en entier dans l'histoire générale du Languedoc.

sur le bord de son vaisseau, lui tend la main pour l'aider à monter; et là , ces deux Princes, que la guerre avait si long-temps désunis et qu'elle devait désunir encore, s'embrassent cordialement et causent avec familiarité jusqu'au soir. Alors le Roi le quitte, et s'en retourne à Aiguesmortes.

Le lendemain, 15 juillet , à neuf heures du matin , une frégate royale , montée par des matelots vêtus de damas rouge , va prendre l'Empereur et le conduit au port, où le Roi l'attendait avec toute sa Cour. Les deux Princes s'embrassent de nouveau, et la Reine, s'inclinant avec respect, embrasse son époux et son frère par-dessus la ceinture. Au bruit de l'artillerie qui tonnait sur la flotte , dans le port et sur les nombreuses tours des remparts, les Monarques s'avancent, et entrent dans la ville par la porte de la Marine, où s'étaient réunis les consuls, les principaux habitans , une foule de peuple et des enfans qui répétaient sans cesse : *Vive l'Empereur et le Roi!* car , dit la naïve relation d'où ces faits sont tirés, M. le connétable l'avait ainsi commandé à Guillaume Villar , l'un des consuls. A peine ont-ils fait quelques pas dans la ville, que le Dauphin et son frère le duc d'Orléans arrivent tout bottés; ils n'avaient pu venir plus tôt, à cause d'une maladie qui avait retenu le Dauphin en Provence.

Charles-Quint se met à genoux pour embras-
ser ces deux jeunes Princes , et leur témoigne
la plus tendre amitié. François Ier, confus de
l'humilité qu'il montrait envers ses enfans ,
s'empresse de le relever , et le prenant sous le
bras , il le conduit à la maison du sieur de
Franc-Conseil , où l'on avait dressé le couvert
dans une salle richement parée. Pendant le
repas , qui fut des plus somptueux , des mu-
siciens firent entendre une brillante sympho-
nie. Après dîner , le Roi et la Reine menèrent
l'Empereur, par une galerie qu'on avait à dessein pratiquée , dans la maison du sieur de
Lecques , qui lui était destinée, et le laissèrent
dans une chambre meublée avec magnificence.
Charles-Quint reposait depuis environ une heure,
lorsque la Reine vint heurter à la porte de
l'antichambre , qui lui fut aussitôt ouverte.
Alors elle envoie le sire de Montpezat , qui
l'accompagnait , avertir son époux du réveil de
l'Empereur. François Ier vient sur-le-champ ,
suivi d'une foule de courtisans , et trouve l'Empereur sur son lit , conversant avec la Reine.
A sa vue , Charles-Quint se jette à bas du lit,
sans souliers. Le Roi commença le propos par
ces paroles : « *Et puis , mon frère, comment*
« *vous trouvez-vous ? avez-vous bien repo-*
« *sé ?* » L'Empereur répondit que *oui , et qu'il*
« *avait tant banqueté qu'il lui aurait con-*

« *venu dormir. « Croyez, mon frère,* répliqua
« *le Roi, que je veux et entends que au pays*
« *auquel vous êtes de présent, vous y ayez*
« *autant de puissance que si vous éliez en*
« *votre pays d'Espagne ou de Flandres, et*
« *que ce que vous commanderez soyez obéi*
« *comme moi-même; et en signe de ce, voilà*
« *que je vous donne.* » Alors il lui présenta
un diamant de grand prix, monté sur une bague
autour de laquelle étaient gravés ces mots,
Dilectionis testis et exemplum. L'Empereur
la mit à son doigt en disant : « *Mon frère, je*
« *n'ai rien, en ce moment, pour me reven-*
« *ger de ce présent, si ce n'est cestuy-ci.* »
C'était le cordon de son ordre qu'il portait au
cou, et qu'il mit à celui du Roi. « *Puisqu'il*
« *vous plaist,* dit le Roi, *que je porte votre*
« *ordre, il vous plaira porter le mien.* »
En même temps, il ôta son collier et le passa
au cou de l'Empereur. Enfin, s'étant encore
embrassés, ils firent sortir tous les courtisans,
à l'exception du sire de Granvelle, du grand
commandeur Govea, que retint l'Empereur ;
de la Reine, du cardinal de Lorraine et du connétable de Montmorency, que retint le Roi.
Leur conversation dura plus d'une heure. Ce
fut, sans doute, dans cet entretien, qu'ils s'engagèrent, pour terminer leurs différens, à céder
Charles-Quint, le Milanais; François Ier, la

Bourgogne : promesse que ni l'un ni l'autre ne voulut ensuite accomplir le premier , et qui ne fut jamais exécutée.

Leur conférence fut suivie d'un splendide souper , après lequel la Reine alla s'assurer elle-même si la chambre de l'Empereur était prête. Elle vint le prévenir et l'y conduisit jusqu'à la porte. Le lendemain , François Ier se rendit auprès de Charles-Quint. Ils descendirent ensemble dans une salle basse , où l'on avait dressé un autel, et où la messe fut célébrée. Après dîner, le Roi, avec toute sa Cour, accompagna l'Empereur jusque dans sa galère, et vint recoucher à Aiguesmortes, d'où il ne repartit que le jour suivant, 17 juillet.

Barberousse a Aiguesmortes.

Malgré tant de marques de bonne intelligence , les deux Souverains n'avaient pas tardé à reprendre les armes. La guerre avait recommencé en 1542 ; et François Ier s'étant allié avec Soliman II , une flotte turque, après avoir vainement essayé de surprendre Nice, et s'être quelque temps renfermée dans le port de Toulon, était venue s'établir dans la rade d'Aiguesmortes. Barberousse la commandait, Barberousse qui, de simple corsaire, devenu roi d'Alger et ami-

ral de Soliman , nourrissait une haine personnelle contre l'empereur Charles-Quint , qui
l'avait chassé du royaume de Tunis et naguè-
res avait même tenté de lui ravir ses propres
états. En attendant le moment d'agir , il dé-
barque ses troupes et les fait camper sur la
plage. Ces lieux où jadis le signe révéré des
Chrétiens flottait dans les bannières , éclatait
sur la cotte-d'armes des Croisés , ces lieux où
tous les cœurs ne respiraient jadis que la des-
truction des Musulmans , reçoivent alors ces
mêmes Musulmans comme des amis , et voient
l'étendard du Croissant planté sur les débris
de l'hospice des pèlerins. Tandis que Barberousse se livrait à l'espoir d'une vengeance prochaine , il est instruit que Charles-Quint et
François I.ᵉʳ ont définitivement conclu la paix
à Crépi, le 17 septembre 1544. Furieux de
voir ainsi son attente trompée , et concevant
autant de ressentiment contre son allié que
contre son ennemi , il porte la flamme dans
une forêt de pins qui bordait le rivage , et un
vaste incendie signale son départ.

PASSAGE DE PHILIPPE D'AUTRICHE.

François Ier n'existait plus. Henri II, son successeur, vivait en paix avec Charles-Quint, sans cesser toutefois de se défier de lui. Pendant que le comte de Villars présidait à Montpellier, au mois de novembre 1548, les États du Languedoc, une flotte espagnole, composée de soixante galères, jette l'ancre devant Aiguesmortes. On apprend qu'elle est montée par Philippe d'Autriche, fils de l'Empereur, et l'on en prévient aussitôt le comte de Villars. Celui-ci, alarmé de l'arrivée inattendue de ce Prince, donne l'ordre à tous les gentilshommes qui se trouvaient aux États de se transporter en toute hâte à Aiguesmortes, sous prétexte de lui rendre les honneurs dûs à son rang, mais dans le fond pour se tenir en mesure contre ses entreprises. Il ne tarde pas lui-même à les suivre. Philippe n'avait aucun projet hostile. Il se dirigeait vers l'Italie pour rejoindre son père, qu'occupait alors entièrement la guerre qu'il faisait aux princes luthériens d'Allemagne. Les trois jours qu'il demeura dans Aiguesmortes se passèrent en fêtes et en réjouissances, et avant de remettre à la voile, il traita magnifiquement sur son bord le comte de Villars et les députés des États.

AIGUESMORTES PENDANT LES GUERRES DE RELIGION.

A la réforme de Luther s'était jointe celle de Calvin. La première, dans son principe, avait trouvé de nombreux partisans dans la France ; mais elle s'était principalement répandue en Allemagne, où plusieurs souverains l'avaient adoptée. La seconde, ayant son foyer à Genève, s'étendit rapidement dans nos provinces et gagna bientôt le cœur du royaume. Les sectateurs de cette nouvelle doctrine étaient en butte à la plus sévère persécution. On défendait leurs assemblées religieuses, on les poursuivait dans les villes, dans les campagnes, on les livrait à la flamme des bûchers ; et cependant leur nombre s'accroissait tous les jours.

En 1560, sous le règne de François II, plusieurs villes du Languedoc avaient embrassé publiquement le calvinisme, lorsque le comte de Villars, envoyé par le Roi, survint avec des troupes et convoqua à Beaucaire, dans le mois d'octobre, les États de la province. Tandis que ses soldats marchaient sur Nismes et Montpellier, où les religionnaires étaient sous les armes, il apprit que le chevalier Daïsse, gouverneur d'Aiguesmortes, se permettait d'autoriser dans cette ville les prédications d'un ministre genévois. Il y dépêche aussitôt son lieutenant, le vicomte de Joyeuse, avec le grand-prevôt du Languedoc. Le ministre et ses auditeurs sont enfermés dans la tour de Constance, et le gouverneur est conduit à Beaucaire. Le comte de Villars n'était point satisfait : il ordonne au grand-prevôt de faire pendre sur-le-champ les prisonniers, sans aucune forme de procès. Celui-ci s'y refuse, et en réfère au Conseil du Roi, qui, tout en louant sa conduite, lui expédie des lettres patentes portant sentence de condamnation contre les prisonniers. Alors le grand-prevôt, tranquille avec sa conscience, les fait exécuter sans délai.

Le comte de Villars, déployant à la fois la force des armes et l'appareil des supplices, parvint, en peu de temps, à faire cesser l'exercice du culte réformé. Mais son triomphe ne fut pas de longue durée. Dès l'année suivante, les calvinistes se rassemblèrent de nouveau ; et bientôt ils trouvèrent dans le Prince de Condé, qui professait leur culte, un chef aussi habile qu'entreprenant. En 1562, ce Prince, maître d'Orléans, envoye des officiers dans les provinces pour diriger l'insurrection qui éclatait en sa faveur. Beaudiné, baron de Crussol, l'un de ces officiers, arrive dans le Languedoc. Montpellier, Nismes, Lunel, la plupart des villes de la province se livrent à lui. Aigues-

mortes tenait encore pour les catholiques.
Beaudiné la fait assiéger. Elle résiste plus de
trois mois ; mais enfin les calvinistes s'en em-
parent : et là , comme dans toutes les villes
qui cédaient à leurs armes , n'écoutant qu'un
aveugle ressentiment , ils pillent les églises,
renversent les autels , brisent les images et
proscrivent les cérémonies du culte romain. La
plus grande partie des habitans, et même la
plupart des chanoines du Chapitre collégial, em-
brassèrent dès ce moment la nouvelle religion.

Depuis cette époque, et pendant les alter-
natives de paix et de guerre qui se succédè-
rent sous le règne de Charles IX , Aiguesmortes
passa plus d'une fois des mains des réformés
aux mains des catholiques.

Lorsque Henri III, en 1574, descendit furtivement du trône de Pologne pour venir oc-
cuper en France celui que lui laissait en mou-
rant son frère Charles IX , le maréchal de
Damville , gouverneur du Languedoc , avait
abandonné la cause royale ; et , nommé chef
du parti réformé dans la province , il travaillait à reprendre les places où commandaient
les catholiques. Aiguesmortes était alors de ce
nombre. Un détachement de ses troupes arrive devant cette ville , le 12 janvier 1575 , et y
pénètre facilement. Les calvinistes qu'elle ren-
ermait s'unissent aux troupes du maréchal.

Tous ceux qui se défendent sont égorgés ; leurs maisons sont livrées au pillage, les églises sont dévastées, les tombeaux ouverts, et le couvent des Cordeliers est incendié. La garnison s'était retirée dans la tour de Constance et dans une tour des remparts, nommée la tour de la Reine, où elle se défendait avec obstination. Tandis que les religionnaires s'abandonnaient encore à l'excès de leur vengeance, le maréchal de Damville survient ; il rétablit l'ordre dans la ville, fait composer la garnison, met sous sa sauvegarde les moines et les prêtres, et nomme des consuls mi-partis de l'une et de l'autre religion.

Par la prise d'Aiguesmortes, le maréchal se trouva maître de toute la côte, depuis Agde jusqu'à l'embouchure du Rhône. Encouragé par ses premiers succès, il continua la guerre avec acharnement. Mais enfin, le 14 mai 1576, la paix se conclut entre la Cour et les chefs du parti calviniste. Le libre exercice de leur religion fut accordé aux réformés ; le maréchal de Damville fut maintenu dans son gouvernement, et obtint pour places de sûreté Aiguesmortes et Beaucaire, où il établit de nouveaux gouverneurs et de fortes garnisons.

Cette paix, comme les précédentes, ne dura pas long-temps ; et lorsque, après de nouveaux combats, une nouvelle paix fut signée, le 17 septembre 1577 , Aiguesmortes fut encore une des places de sûreté qu'on laissa aux religionnaires.

Cette ville ne cessa point d'être en leur pouvoir pendant les nouvelles guerres qui ensanglantèrent les dernières années du règne de Henri III , et pendant les longs efforts que fit Henri IV pour monter sur un trône où l'appelaient sa naissance , sa valeur et ses vertus.

Lorsque ce Monarque, après cinq années de règne et de combats , fit enfin son entrée dans Paris , en 1594 , il était loin encore d'avoir soumis tout le royaume. Non-seulement les principaux chefs de la Ligue et les Espagnols , leurs alliés, continuaient la guerre sur divers points ; mais de plus, les réformés , mécontens de son abjuration , conservaient partout une attitude hostile. Henri IV , pour les rassurer , déclara , par un édit du 1.er mai 1597 , que les places d'otage accordées aux calvinistes demeureraient encore entre leurs mains pendant huit ans. Au nombre de ces places se trouvaient , en Languedoc , Aiguesmortes, le fort Peccais et la tour Carbonnière.

Expulsion du Gouverneur.

Tandis que le Roi travaillait à réduire ses ennemis intérieurs, combattant les uns, achetant la soumission des autres, et pardonnant à tous, il fut informé par le duc de Ventadour, lieutenant-général en Languedoc, que les Espagnols avaient ébranlé la fidélité de quelques villes de la Province, et que le sieur de Bertichères, gouverneur d'Aiguesmortes, entretenait des intelligences avec eux. Henri IV, après avoir vainement intimé à ce gouverneur l'ordre de se rendre auprès de lui, ne vit d'autre moyen pour s'en défaire, que d'employer la force des armes et le secours des habitans. En conséquence, il les invita, par une lettre en date du 31 octobre 1597, à seconder le sieur de Gondin, chargé par lui « d'entrer dans la « ville, et d'en faire sortir dextrement le sieur « de Bertichères sans rumeur ni émotion, s'il « était possible ; mais néanmoins en quelque « façon que ce fût. » Cette dépêche était accompagnée d'une lettre du connétable de Montmorency, gouverneur du Languedoc, dans laquelle il les exhortait à déférer aux volontés du Roi, leur faisant espérer que leurs priviléges seraient augmentés : « A quoi, ajoutait-il, « je tiendrai la main, et vous témoignerai en

« toutes façons , que vous n'aurez jamais auprès
« du Roi , ni ailleurs , un meilleur ami que
« moi. »

A la réception de ces missives , les consuls
et les principaux habitans se réunissent ; et ,
malgré la différence de leur religion , ils con-
viennent d'un commun accord de remplir les
intentions du Roi , au péril même de leur vie.

Instruit de leur résolution , M. de Gondin ,
dans les premiers jours de février 1598, introduit secrètement dans la ville quelques officiers pour diriger le mouvement. Au jour con-
venu , le 13 février , les habitans, munis d'armes de toute espèce , se présentent inopiné-
ment devant le château , en forcent les portes ,
et se rendent maîtres de la tour de Constance.
Les gardes s'enfuyent précipitamment au-dessus
des remparts , et s'enferment , les uns avec le
gouverneur dans la tour de la Reine , les
autres dans celle des Poudres , dont les Aiguesmortains n'ont pas le temps de s'emparer avant
eux. Sur ces entrefaites, M. de Gondin , à la
tête d'une centaine d'hommes , pénètre dans la
ville. Aussitôt les tours sont assiégées. Bertichères oppose la plus vigoureuse résistance. Au
bruit de l'artillerie, les habitans des villages
voisins , pensant que les Espagnols ont surpris
la place , accourent en armes. Le baron de Cal-
visson survient avec quelques gentilshommes.

De nouveaux renforts , demandés par M. de Gondin , arrivent dès le lendemain de Nismes et de Montpellier. Malgré l'appareil de ces forces si supérieures aux siennes , Bertichères persiste à se défendre , et son artillerie met hors de combat un grand nombre de soldats et plusieurs officiers. Mais enfin , voyant que la tour des Poudres s'est rendue par capitulation , il se décide , après trois jours de résistance , à capituler lui-même , et il obtient la liberté de sortir de la ville avec le reste de la garnison.

Par cet événement et par les détails qui vont suivre , on peut juger combien la puissance royale était encore mal affermie. On a vu le Monarque réduit , pour chasser le gouverneur d'une petite ville , à provoquer lui-même une insurrection à main-armée; on verra maintenant les habitans de cette ville , croyant avoir , non pas rempli leur devoir , mais rendu un service, réclamer et même stipuler la récompense de leur conduite.

Le 18 février , le conseil politique s'assemble et décide : 1.º qu'une députation , composée d'un catholique et d'un religionnaire , se transportera auprès du Roi pour lui faire connaître l'exécution de ses ordres, et lui présenter , en même temps , le cahier des demandes de la ville ; 2.º que les habitans conserveront la garde de la tour de Constance et de la tour de la

Reine jusqu'au retour des députés ; 3.ᵉ que M. de Gondin, sur l'exhibition d'un simple brevet, sera provisoirement reconnu pour gouverneur, en attendant qu'il ait obtenu du Roi une nomination plus en forme.

Les députés s'étant rendus dans la ville d'Angers, où se trouvait alors Henri IV, lui présentèrent le mémoire dont ils étaient chargés. Les habitans demandaient, dans ce mémoire, qu'aucune enquête judiciaire ne fût faite à l'avenir au sujet de l'expulsion de leur gouverneur ; que la garnison ordinaire de cent vingt-cinq hommes fût augmentée d'une compagnie commandée par le premier consul ; que la ville fût exemptée de toute dépense pour l'entretien de la garnison ; que leurs priviléges fussent maintenus et leur port réparé : ces articles furent accordés sans difficulté. Mais leurs prétentions ne se bornaient point là : ils voulaient, en outre, qu'après M. de Gondin, la charge de gouverneur fût supprimée ; qu'en son absence la garde de la ville fût confiée au premier consul ; qu'à la charge de ce dernier fût annexé l'office de viguier près la Cour royale ; et qu'enfin, pour les indemniser de leurs dépenses, le Roi leur abandonnât, pendant six ans, le produit d'un droit particulier qui se percevait sur le sel au profit du domaine. Ces derniers points leur furent refusés. Cependant, l'année suivante , le Roi conféra au premier consul la charge de lieutenant de viguier. Quant à leurs dépenses , on répondit qu'elles seraient vérifiées , et qu'on les leur rembourserait.

Des lettres patentes furent expédiées , sous la date du 6 avril, pour l'exécution des articles auxquels on avait acquiescé , et les députés emportèrent avec eux une lettre du Roi , par laquelle il témoignait aux habitans d'Aigues-mortes combien il était satisfait de leur dévouement. L'état des dépenses , dressé à leur retour , et dans lequel rien ne fut oublié, pas même les frais d'enterrement d'un capitaine , s'éleva à près de deux mille cinq cents écus , et fut ordonnancé par le duc de Ventadour.

PROJET DE RÉPARATION DU PORT SOUS HENRI IV.

L'édit de Nantes , promulgué dans le mois d'avril 1598 , et la paix de Vervins, signée le mois suivant avec les Espagnols , avaient rétabli le calme dans le royaume , et permettaient au Roi de consacrer tous ses soins au bonheur des Français. Les habitans d'Aigues-mortes s'empressèrent de réclamer l'accomplissement de la promesse royale, relative à la réparation de leur port. La guerre civile avait causé moins de maux dans leur ville, que la cessation du commerce et de l'industrie, et que les exhalaisons délétères de leurs marais. Les travaux exécutés sous François I.er, n'avaient laissé que le souvenir de l'avantage instantané qu'ils avaient produit. L'ouverture pratiquée pour l'écoulement du Rhône, au-dessous des salines de Peccais, s'était entièrement comblée. Heureusement cette branche du fleuve, au lieu de reprendre son ancien cours, s'était dirigée d'elle-même vers le grau d'Orgon (1),

---

(1) Je dois ici relever une erreur, avancée par tous les écrivains modernes qui ont fait mention des diverses bouches du Rhône. Ces écrivains supposent que l'embouchure du Petit-Rhône a, de tout temps, existé au grau d'Orgon. Il résulte cependant, avec la dernière évidence, des procès-verbaux conservés dans les archives d'Aiguesmortes, qu'anciennement cette branche du fleuve se perdait dans les étangs situés au sud de cette ville, et que, sous François I.er, on la jeta dans la mer, au-dessous des salines de Peccais, par un grau qu'on nomma le *Grau neuf*. Lorsque ce grau eut été fermé par les sables, le Petit-Rhône n'ayant plus d'embouchure, rompit ses digues auprès de Silveréal, et se déchargea dans l'étang d'Orgon, d'où il s'ouvrit un nouveau passage à la mer. Cet étang ne tarda pas à s'atterrir, et laissa son nom au grau qui s'était formé en ce lieu.

où son embouchure existe encore aujourd'hui.
Mais, à son défaut , les eaux débordées du Vistre
et du Vidourle , ne trouvant plus à s'écouler
dans la mer par des issues qu'obstruait le sable , '
refluaient dans les étangs , dans les canaux,
et les encombraient de leurs dépôts limoneux.
Depuis long-temps le canal et le grau de Saint-
Louis n'étaient plus navigables. Afin d'offrir
aux navires qui se présentaient encore , un
accès dans le port , on avait prolongé la Grande-
Roubine jusqu'à l'étang du Repausset , et l'on
avait établi une communication entre cet étang
et la mer , d'abord par un grau qu'on nomma
la *Croizette* , et puis , en 1586 , par un autre
qui fut appelé le *Grau des Consuls*. La plupart de ces travaux furent entrepris aux dépens
de la communauté. Pendant ces temps de dé-
sordre , où l'autorité résidait moins entre les
mains du Roi qu'entre celles des gouverneurs
de provinces , on avait imploré le secours ,
tantôt du connétable de Montmorency , gouverneur du Languedoc, tantôt du maréchal de
Joyeuse , son lieutenant-général. Ils s'étaient
rendus sur les lieux , les avaient examinés, et
s'en étaient retournés , songeant moins, sans
doute, à l'utilité d'un tel port, qu'à l'avantage qu'ils pouvaient retirer des fortifications
de la ville.

Lorsque les commissaires nommés , d'après

les ordres de Henri IV, par les Trésoriers-de-
France de la généralité de Montpellier , vin-
rent , au mois de juin 1598, visiter la plage
d'Aiguesmortes , ils trouvèrent le grau des Consuls déjà fermé, eurent peine à distinguer les
traces du grau Louis , et reconnurent que celui
de la Croizette, le seul ouvert , était en si mauvais état , que les bateaux de pêche pouvaient
à peine y pénétrer. Ils déclarèrent dans leur
rapport qu'il était urgent, non-seulement dans
l'intérêt du commerce , mais surtout dans l'intérêt des salines qui, privées d'eau de mer ,
dépérissaient de jour en jour, de rouvrir le
grau des Consuls, de tous le plus rapproché
de la ville, et de consolider cette ouverture par
les ouvrages et les recreusemens les mieux en-
tendus. Ils ajoutèrent qu'il leur paraissait convenable d'affecter à ces réparations le produit
d'une augmentation de dix sous sur l'impôt
du sel, établie depuis long-temps pour l'entretien du port , et constamment détournée à
d'autres usages.

Conformément aux conclusions de ce rapport , des lettres patentes furent rendues , sous
la date du 26 octobre , et ordonnèrent l'entreprise des travaux. Mais , à cette époque, les
États du Languedoc avaient déjà conçu le projet de construire un port au cap de Sette. Le
prévôt-général de la Province, se fondant sur

des ordres antérieurs de la Cour , relatifs à ce projet , mit opposition à l'exécution des lettres patentes du 26 octobre. Des contestations s'ensuivirent , se prolongèrent pendant plusieurs années , et la ville d'Aiguesmortes , succombant dans cette lutte inégale , resta livrée aux atteintes mortelles que portent à son commerce , à son industrie , à la santé de ses habitans , les eaux marécageuses qui l'environnent , quand elles sont privées de communication avec la mer.

Nouvelle guerre de religion sous le règne de Louis XIII.

Si la ville d'Aiguesmortes avait cessé d'attirer l'attention du gouvernement , sous les rapports qui seuls pouvaient lui être avantageux , elle fut encore cependant considérée comme une place de haute importance durant la nouvelle guerre civile qui troubla les premières années du règne de Louis XIII.

La faveur dont avait joui, sous la régence de Marie de Médicis , le florentin Concini, et celle que Louis XIII accorda au jeune de Luynes , avaient tour à tour excité le mécontentement des Princes du Sang qui , cherchant à se faire un parti , réveillèrent la défiance dans le cœur des réformés, et les encouragèrent à reprendre les armes. Le Roi parvint à se réconcilier avec les Princes; mais les semences de discorde qu'ils avaient répandues, ne purent être aussi facilement étouffées. Pendant que tout était en fermentation autour d'eux , les habitans d'Aiguesmortes , en 1619, jurèrent entre les mains de leur gouverneur Gaspard de Coligni , comte de Chatillon (1) , de ne prendre aucune part aux nouveaux troubles qui menaçaient le royaume , et d'exécuter au péril de leur vie tous les ordres qu'ils recevraient de lui. Ils ne se doutaient point alors que leur serment impliquait contradiction , et qu'en restant fidèles à leur gouverneur , ils allaient devenir infidèles au Roi.

Les calvinistes , redoutant les projets de la Cour , tenaient , en 1621 , une assemblée générale dans la Rochelle , et refusaient de se séparer, malgré les injonctions réitérées du Roi. Louis XIII se décide à marcher contre eux. La guerre éclate , et les réformés élisent pour leurs chefs le duc de Rohan , dans la Guyenne , et le comte de Chatillon , dans le Bas-Languedoc. Mais celui-ci , malgré les nom-

______

(1) Il était petit-fils de l'amiral de Coligni , la plus éclatante victime de la Saint-Barthélemi.

breux combats qu'il livre aux catholiques, devient bientôt suspect à son parti. Tandis que
les troupes royales assiégeaient Montauban,
le duc de Rohan sollicite du secours dans le
Bas-Languedoc, et, mécontent des lenteurs de
Chatillon, il vient lui-même recruter les levées
qu'il avait demandées. Chatillon se plaint d'une
telle usurpation d'autorité ; il réclame auprès
de l'assemblée qui se tenait à Nismes, et cette
assemblée, loin de remplir son attente, le
déclare déchu de tous ses pouvoirs. Alors il se
renferme dans Aiguesmortes, également résolu
à se défendre et contre les catholiques et contre
les réformés. Vainement ces derniers corrom-
pent son lieutenant, et tentent de lui enlever
la place : il prévient leurs desseins et repousse
victorieusement leurs premières attaques. Mais
le duc de Rohan, qui chaque jour obtenait
de nouveaux succès, envoye contre lui, dans le
mois de mars 1622, un détachement considérable de troupes. Elles se présentent, le 18,
devant la tour Carbonnière, la canonnent vivement et parviennent à s'en saisir. L'aspect des
remparts d'Aiguesmortes leur fit pressentir,
sans doute, l'inutilité de leurs efforts contre
cette place. Elles évitent le feu de ses batteries,
et se dirigent vers les salines de Peccais, où le
sieur de Saint-Blancard, qui commandait le
fort, le leur remet sans résistance. Le duc de

Rohan retira du moins de cette expédition, l'avantage d'augmenter ses ressources par le produit de ces abondantes salines. Bientôt après, lorsque les habitans, dépourvus de sel, voulurent s'en procurer, il leur fallut livrer un combat des plus meurtriers contre les troupes qui gardaient le fort et les avenues de Peccais.

Louis XIII, cependant, avait repris ses avantages. L'armée royale, composée de quatorze mille hommes, vient, dans les premiers jours d'août, camper entre Lunel et Massillargues. Ces villes se rendent par capitulation. Le Roi joint son armée, s'empare lui-même de Sommières, et, le 22 août, se présente devant Aiguesmortes. Le comte de Chatillon lui en ouvre les portes, se démet du gouvernement, et reçoit, en récompense de sa soumission, cent cinquante mille livres et le bâton de Maréchal-de-France. Louis XIII mit dans la place une garnison catholique, et nomma pour gouverneur le marquis de Varennes, qui rétablit l'exercice du culte romain, réorganisa le Chapitre collégial, releva le couvent des Cordeliers, et fonda, deux ans après, un nouveau couvent de Capucins.

Ce fut en sortant d'Aiguesmortes, que le Roi entreprit le siége de Montpellier, siége qui dura près de deux mois, et ne se termina qu'au moyen d'un traité de paix, par lequel l'édit de Nantes fut confirmé et des places de sûreté laissées aux calvinistes.

Lorsque la guerre civile recommença, en 1625, la ville d'Aiguesmortes demeura constamment au pouvoir des catholiques ; et lorsque Louis XIII assiégeait La Rochelle, en 1627, ce fut dans Aiguesmortes que se réunirent, le 29 décembre, le Prince de Condé et le maréchal de Montmorency, pour concerter ensemble les mesures qu'ils avaient à prendre contre le duc de Rohan, qui, maître de Nismes, se disposait à surprendre Montpellier.

Pendant cette dernière guerre, Aiguesmortes n'essuya point d'assaut ; mais elle fut souvent privée de communication avec les villes voisines, et vit plus d'une fois les troupes calvinistes dévaster les salines de Peccais, qui formaient alors son unique ressource. Elle crut respirer, quand la paix fut conclue, en 1629, avec le duc de Rohan. Bientôt pourtant de nouveaux cris de guerre retentirent non loin de ses remparts. Le frère de Louis XIII, Gaston, duc d'Orléans, irrité de la puissance du cardinal de Richelieu, était entré dans le Languedoc, en 1632, à la tête de deux mille Espagnols. Le duc de Montmorency, les États et presque toutes les villes de la Province s'étaient déclarés en sa faveur. Aiguesmortes resta fidèle au Roi. Enfin, le duc d'Orléans ne tarda

pas à poser les armes ; la paix intérieure fut
rétablie ; et dès-lors, elle recouvra, non pas
son ancienne prospérité , mais du moins le
calme et le repos.

EMPRISONNEMENT DES CALVINISTES DANS LA TOUR DE CONSTANCE.

Depuis l'extinction de la guerre civile , Aiguesmortes n'a plus occupé de rang dans l'histoire politique de la France, si ce n'est par
la triste destination que reçut la tour de Constance pendant la persécution dirigée contre les
protestans.

Louis XIV, au faîte de la puissance , vic-
torieux de tous ses ennemis , et passant tour
à tour de l'amour à la dévotion , avait entrepris de convertir les calvinistes du royaume.
Les récompenses pécuniaires , l'interdiction de
toute charge publique, de toute profession li-
bérale , et les régimens de dragons n'ayant
servi qu'à transformer leur zèle en fanatisme ,
il se décide , en 1685 , à révoquer l'édit de
Nantes. Dès , ce moment, l'exercice de leur
culte est prohibé, leurs ministres sont bannis ,
l'émigration leur est défendue, leurs temples
sont démolis , et la force est employée pour

opérer leur conversion. Malgré ces mesures ,
les uns désertent en foule , les autres s'assemb-
blent en secret. Ceux qu'on arrête sur les fron-
tières , ceux qu'on surprend à des prêches
clandestins , tous ceux enfin qui refusent de
se convertir , ou dont la conversion paraît
feinte , s'ils échappent au glaive des soldats ,
sont , comme de vils criminels , envoyés aux
galères. Leurs enfans leur sont enlevés , leurs
biens sont confisqués , leurs maisons rasées ,
et leurs femmes condamnées à la réclusion
perpétuelle.

Durant cette atroce persécution , qui ne se
ralentit guère sous le règne de Louis XIV ,
qui , sous celui de son successeur, ne fut adou-
cie que pendant le ministère du cardinal de
Fleury , et qui enfin ne s'arrêta (1) que
par l'horreur qu'elle inspirait à tous les Français , la tour de Constance renferma continuel-
lement dans ses murs un nombre considérable de femmes calvinistes. Entassées dans les
deux chambres de cette tour , où l'air et la
lumière ont tant de peine à s'introduire , ré-

---

(1) Les édits , ordonnances et déclarations contre les
protestans ne furent point révoqués , mais tombèrent
peu à peu en désuétude. Ce ne fut que pendant la première assemblée des notables , en 1787 , qu'un édit
rendit enfin l'état civil aux protestans.

duite à la plus grossière nourriture, privées des commodités de la vie les plus indispensables, elles voyaient là se consumer, sans espoir, sans consolation, le cours entier de leur déplorable existence.

Je ne puis mieux faire connaître la situation de ces infortunées, qu'en plaçant ici le tableau qu'en a tracé un témoin oculaire, M. de Boufflers, qui visita leur prison vers l'année 1768, lorsque la persécution commençait à se relâcher.

« Je suivais, dit-il (1), M. de Beauvau dans
« une reconnaissance qu'il faisait sur les côtes
« du Languedoc. Nous arrivons à Aiguesmor-
« tes, au pied de la tour de Constance; nous
« trouvons à l'entrée un concierge empressé,
« qui, après nous avoir conduits par des es-
« caliers obscurs et tortueux, nous ouvre à
« grand bruit une effroyable porte, sur laquelle
« on croyait lire l'inscription du Dante : *Las-*
« *ciate ogni speranza, o voi ch'entrate* (2).
« Les couleurs me manquent pour peindre
« l'horreur d'un aspect auquel nos regards
« étaient si peu accoutumés : tableau hideux
« et touchant à la fois, où le dégoût ajoutait

----

(1) Dans son éloge du maréchal de Beauvau, prononcé à l'Académie française.

(2) Vous qui entrez ici, laissez toute espérance.

« encore à l'intérêt ! Nous voyons une grande
« salle ronde privée d'air et de jour ; qua-
« torze femmes (1) y languissaient dans la mi-
« sère et dans les larmes : le commandant eut
« peine à contenir son émotion ; et , pour la
« première fois , sans doute , ces infortunées
« aperçurent la compassion sur un visage hu-
« main. Je les vois encore , à cette apparition
« subite, tomber toutes à la fois à ses pieds,
« les inonder de pleurs , essayer des paroles ,
« ne trouver que des sanglots ; puis, enhar-
« dies par nos consolations , raconter toutes
« ensemble leurs communes douleurs ! hélas !
« tout leur crime était d'avoir été élevées
« dans la même religion que Henri IV. La
« plus jeune de ces martyres était âgée de
« plus de cinquante ans : elle en avait huit lors-
« qu'on l'avait arrêtée , allant au prêche avec
« sa mère, et la punition durait encore !

---

(1) En peu de temps la mort avait moissonné une
partie de ces victimes. Cinq ou six ans avant le fait
rapporté par M. de Boufflers, M. le comte Boissy-
d'Anglas, étant venu, dans son enfance, visiter ce
triste lieu , y trouva plus de vingt-cinq prisonnières.
Voyez son ouvrage intitulé : *Essai sur la vie, les
écrits et les opinions de M. de Malesherbes.*

OUVERTURE DU GRAU DU ROI.

Aiguesmortes n'eut rien à redouter des rigueurs exercées contre les protestans. Depuis que Louis XIII avait relevé dans la ville les autels du culte catholique, tous les habitans étaient rentrés peu à peu dans le sein de l'Église romaine. Mais elle souffrait considérablement de l'oubli dans lequel le gouvernement la laissait. Pendant toute la durée des guerres de religion, pendant le règne brillant de Louis XIV, c'est-à-dire, dans l'espace d'environ un siècle et demi, ses graus, ses canaux, son port n'avaient reçu nulle réparation. L'étang de la ville, privé de toute communication avec la mer, et se comblant de plus en plus par les dépôts limoneux des rivières, n'était plus qu'un marais fétide, dont les exhalaisons entretenaient une épidémie perpétuelle au milieu des remparts. Les habitans aisés désertaient leurs foyers; les autres, dévorés par la misère et la contagion, y terminaient leur triste vie longtemps avant le terme marqué par la nature. La population diminuait incessamment ; et les bras manquèrent bientôt pour exploiter les salines de Peccais qui, pendant si long-temps, avaient offert à ces infortunés leurs moyens d'existence les plus habituels. Quand les fermiers du Roi voulaient approvisionner leurs greniers, il leur fallait chercher ailleurs des manœuvres, et même ne s'en procuraient-ils qu'avec peine ; car on redoutait l'approche d'Aiguesmortes comme de ces lieux où la peste exerce ses funestes ravages. Les salines elles-mêmes dépérissaient de jour en jour. Non-seulement le Vistre et le Vidourle, n'ayant plus d'issue dans la mer, altéraient les eaux des étangs et les rendaient impropres à produire du sel ; mais quelquefois ces rivières et le Rhône lui-même, dans leurs débordemens, submergeaient toute la plaine de Peccais et détruisaient des récoltes entières. Ainsi, la ville, dénuée de ressources, en proie aux maladies, allait bientôt être déserte, et l'État se voyait menacé de perdre une branche importante de ses revenus.

Cette dernière considération détermina le conseil du Roi à écouter enfin les réclamations des habitans d'Aiguesmortes. Un arrêt du conseil, rendu sous le règne de Louis XV, le 14 août 1725, ordonna la construction d'un grau que la ville avait vainement essayé de construire elle-même, et affecta aux dépenses de cet ouvrage le produit d'une augmentation de cinq sous par minot sur l'impôt du sel. Les travaux commencèrent immédiatement. La plage fut ouverte ; on éleva deux môles en maçonnerie , distans l'un de l'autre d'environ vingt-cinq toises , et se prolongeant parallèlement à cinquante toises dans la mer. On jeta dans la même direction , à travers l'étang du Repausset , deux chaussées en terre formant un canal de sept à huit pieds de profondeur et parcourant avec la Grande Roubine , à laquelle il s'unit, l'espace de plus d'une lieue.

Bien des années s'écoulèrent avant que cet ouvrage , d'une si haute importance pour la ville d'Aiguesmortes, fût entièrement achevé. A peine l'avait-on entrepris, que les États de la province voulurent s'en charger. Dès-lors , les travaux furent interrompus, repris diverses fois , menés toujours lentement , et ne se terminèrent que vers l'année 1745.

Depuis lors , ce grau, auquel on donna le nom de *Grau-du-Roi* , et qu'on regarde actuellement comme le port d'Aiguesmortes , est toujours à peu près demeuré tel qu'il est encore aujourd'hui. Son embouchure peut recevoir jusqu'à douze pieds de hauteur d'eau ; mais les vents du sud et de l'est y forment quelquefois des ensablemens qui en rendent l'accès difficile. Heureusement le Vistre et le Vidourle , se déchargeant aujourd'hui dans les eaux du canal , leur impriment, lors de leurs crues , un cours assez rapide pour repousser les dépôts de la mer.

En ouvrant à la Méditerranée ce passage dans les étangs, on avait eu surtout l'intention d'améliorer les salines de Peccais. Non-seulement on atteignit complétement ce but, mais on détruisit en même temps les principales causes de l'insalubrité de l'air, et l'on restitua au commerce maritime une route qu'il avait depuis trop long-temps oubliée et qu'il essaya bientôt de reprendre. En peu d'années, la situation de la ville changea tellement, qu'elle put, en 1755, faire construire à ses frais, au point où se réunissent sous ses remparts les divers canaux de navigation, un bassin dont les bords furent revêtus d'un mur en pierres froides, et dans lequel les barques peuvent circuler librement. On aplanit, en outre, le terrain qui sépare ce bassin des remparts, et l'on en forma une petite esplanade plantée d'acacias, qui, dominée par la tour de Constance, et contrastant d'une manière pittoresque avec la porte flanquée de tours, dont elle borde l'avenue, donne un agrément singulier à la sombre entrée de la ville.

Canal de Beaucaire a Aiguesmortes.

Vers cette époque, une nouvelle source de prospérité se préparait pour la ville d'Aiguesmortes.

Depuis quelque temps les États du Languedoc songeaient aux immenses avantages qui résulteraient pour la Province et pour tout le royaume, d'une communication intérieure entre le Rhône et la Garonne. Cette communication existait déjà, il est vrai, au moyen du canal du Bourgidou, qui, d'un côté, s'unissant par celui de la Radelle et les étangs de Sette au canal du Midi, se joint, de l'autre, au Petit-Rhône auprès de la tour de Silveréal. Mais la navigation de cette branche du fleuve étant difficile et souvent périlleuse, le canal du Bourgidou devenait, pour cet objet, à peu près inutile. Il convenait donc de le remplacer par un autre qui prît sa naissance à l'endroit où le Rhône est pleinement navigable. Pénétrés de cette nécessité, les États se décidèrent à faire ouvrir un canal depuis Beaucaire jusqu'à Aiguesmortes, sur une étendue de dix lieues environ. Les travaux furent entrepris en 1778, et poussés avec activité jusqu'à l'époque de la révolution, où la dépréciation du papier-monnaie les fit abandonner. L'importance d'un tel ouvrage fut sentie par le gouvernement consulaire, et il résolut d'en faire jouir le commerce. Le 17 mai 1801, un traité de concession fut passé avec une compagnie qui se chargea de terminer ce canal dans l'espace de trois ans, de refaire celui de la Radelle sur une nouvelle direction (1), d'entretenir constamment celui du Bougidou jusqu'à Silveréal, de dessécher enfin tous les marais situés entre Beaucaire et l'étang de Mauguio, et qui reçut en dédommagement la propriété perpétuelle de ceux de ces marais qui appartenaient alors à l'État, ainsi que le droit de percevoir, pendant quatre-vingts ans, une taxe de navigation (2), conforme à celle du canal des Deux-Mers, sur le transport de toutes les marchandises voiturées par les divers canaux dont l'achèvement ou l'entretien lui étaient confiés.

Quel que fût l'empressement des concessionnaires à remplir leurs engagemens, ils rencontrèrent de tels obstacles, que les travaux durent

----

(1) Ce nouveau canal, que l'on va creuser incessamment, se joindra au canal latéral de l'étang de Mauguio, qui doit être construit en exécution de la loi rendue le 5 août 1821.

(2) Cette taxe est de 4 centimes le quintal métrique par distance. On compte 11 distances d'Aigues-mortes à Beaucaire.

se prolonger jusqu'à la fin de 1811 , époque où, sous les murs de Beaucaire, s'ouvrit enfin l'écluse de prise d'eau , l'un des plus beaux ouvrages de ce genre que l'art ait jamais produit (1).

Outre le bien général qui résulta de cette utile entreprise, Aiguesmortes en retira l'avantage d'obtenir un débouché constant et facile pour les sels que Peccais fournit aux divers points de la côte du Rhône , et celui de recevoir dans son port une partie des navires marchands qu'attire la foire de Beaucaire.

Mais quels plus grands avantages n'aurait-elle pas recueilli d'un autre projet qu'avaient aussi conçu les États du Languedoc , et qui , renouvelé plusieurs fois , paraît être aujourd'hui entièrement abandonné! Je veux parler d'un canal qu'on se proposait de construire de Nismes à Aiguesmortes , en profitant du cours du Vistre , nouvellement redressé depuis la Radelle jusqu'auprès du Caila. Cet ouvrage , s'il était un jour exécuté (2) , rendrait les plus

---

(1) La différence de niveau entre les eaux du Rhône et celles de la mer, avait nécessité l'établissement de trois autres écluses depuis Beaucaire jusqu'à Saint-Gilles.

(2) M. Grangent , ingénieur en chef du département du Gard , a donné , dans sa description abrégée de ce département, des détails précieux sur l'exécu-

7

importans services à la ville de Nismes, et
contribuerait essentiellement à faire du port
d'Aiguesmortes, susceptible lui-même de tant
d'améliorations, l'entrepôt d'un commerce considérable.

DE LA VILLE ACTUELLE ET DE SES HABITANS.

Après avoir parcouru successivement les diverses époques de l'histoire et de la topographie d'Aiguesmortes, je vais, en peu de mots,
tracer le tableau que présentent actuellement
l'intérieur de la ville et les mœurs de ses habitans ; je parlerai ensuite de son climat et des
principales maladies qu'il occasione, des productions de son territoire, de son industrie,
de son commerce, et je terminerai cette notice
par un aperçu des avantages que la restauration de
son port procurerait, non-seulement à la ville
elle-même, mais à tout le département du Gard.

Si l'on considère l'espace renfermé dans les
remparts, on peut conjecturer qu'à l'époque
de leur construction, époque la plus brillante
d'Aiguesmortes, la ville renfermait près de dix
mille habitans. La population a dû nécessaire-

---

tion et les avantages de ce canal , dont il évalue la
dépense à 2,200,000 fr.

ment varier suivant les moyens d'existence , et tendre constamment à diminuer jusqu'au moment où l'on établit enfin, par le grau du Roi, une communication durable avec la mer. Il fallait qu'alors elle fût bien réduite , puisque , trente ans après , en 1774, elle ne comprenait encore que 1600 âmes. Depuis ce temps , elle s'est peu à peu relevée, et l'on compte actuellement dans la ville environ 2600 habitans.

Il s'en faut beaucoup que cette population occupe toute l'enceinte des remparts. En divers lieux, les maisons ont fait place à des jardins, à des champs labourés. Le reste de la ville se compose de rues larges, tirées au cordeau, et bordées de maisons qui n'ont toutes qu'un seul étage au-dessus du rez-de-chaussée , et que l'humidité de l'air ferait bientôt tomber en ruines , si l'on n'avait soin , chaque année, d'en recrépir les murs. Dans chacune de ces maisons se trouve un puits dont l'eau saumâtre ne peut servir qu'aux usages les plus communs : ce qui oblige les habitans à se procurer, pour leur boisson, des eaux pluviales ou de celles du Rhône.

Ce serait en vain qu'on chercherait dans l'intérieur de la ville quelque monument remarquable ; car on ne peut qualifier ainsi l'église des Pénitens-gris et celle des Pénitens-blancs, qui sont l'une et l'autre l'objet constant des soins et des dépenses de ces deux confréries rivales (1). Dans l'une cependant , les regards sont attirés par un retable et des colonnes torses en plâtre , où les ornemens sont trop prodigués , mais exécutés avec le plus grand soin. L'autre , restaurée nouvellement (2) , non sans quelque élégance , renferme un tableau de grande dimension , qui révèle dans son jeune auteur (3) les plus heureuses dispositions. Non

---

(1) Celle des Pénitens-gris vante son ancienneté ; mais ses titres ayant été brûlés pendant les guerres de religion, elle ne peut connaître l'époque précise de son institution. L'autre confrérie ne fut fondée qu'en 1623. La première association religieuse de cette espèce se forma, les uns dirent à Péronne, en 1260, par les prédications d'un ermite qui excitait les peuples à la pénitence ; les autres disent à Rome , pendant le pontificat de Clément IV , sous le nom de confrérie du Gonfanon. Quoi qu'il en soit, elles s'établirent en France, dès le treizième siècle ; et l'on sait qu'un de nos rois revêtit le sac de pénitent. C'est Henri III, « dont la grande occupation , dit le bénédictin auteur « de l'art de vérifier les dates, était d'inventer de nou- « velles pratiques de dévotion et d'en faire parade aux « yeux du public, pour servir de voile à ses infâmes « débauches. »

(2) Sur les dessins de M. Durand, alors ingénieur ordinaire du département du Gard.

(3) M. Sigalon, de Nismes, qui perfectionne actuellement son talent dans la capitale.

loin de la première , s'élève isolément un antique clocher , que son architecture fait reconnaître pour une construction du treizième siècle , et qui est, en effet, l'unique reste du couvent de Cordeliers , incendié par les calvinistes. L'église paroissiale est un lourd bâtiment , relevé sans doute plusieurs fois, où l'on remarque sur l'ancienne façade qui forme aujourd'hui le fond de l'édifice, les cintres en ogive d'une porte et de deux fenêtres , terminés de chaque côté par des figures bizarres d'animaux. Le monument le plus utile, mais le moins digne d'attention sous le rapport de l'art, est un hôpital, fondé par les habitans , sous le règne de Philippe de Valois (1) , et qui, depuis long-temps , ne doit plus sa conservation qu'aux secours annuels fournis par la commune. Auprès de la porte de la marine, subsistent encore les arcades d'un vieux portique, dernier débris de la maison où François I.er et Charles-Quint eurent leur mémorable entrevue.

Le peuple d'Aiguesmortes ne présente point l'aspect qu'on s'imagine assez communément. Sans doute quelques visages pâles, exténués , où sont encore empreintes les traces d'une ré-

---

(1) Sa fondation fut autorisée par lettres patentes du mois de janvier 1347.

cente maladie, effrayent les regards du voyageur; mais sa vue rencontre bien plus fréquemment, surtout parmi les jeunes gens, des figures où brillent les fraîches couleurs de la santé. Si ces couleurs ne tardent pas à se flétrir, on doit moins l'attribuer peut-être aux maladies endémiques qu'aux travaux pénibles auxquels les hommes, en général, se livrent de très-bonne heure, et au peu de soins que la plupart des femmes donnent à leur personne, aussitôt qu'elles sont mariées.

Les mœurs des habitans n'ont rien qui les distingue de celles qui caractérisent les peuples du midi de la France, si ce n'est un esprit d'indiscipline, provenant de l'espèce d'isolement dans lequel les place la situation de leur ville, et une indolence de caractère qui leur est inspirée par le climat. Cette indolence, ajoutée au peu d'aisance qui règne parmi eux, les attache presque tous aux diverses branches de la même industrie, et les rend, en général, peu jaloux de cultiver l'éducation de leurs enfans.

La vivacité, si naturelle aux méridionaux, ne se réveille en eux qu'à l'annonce d'une joute ou d'une course de taureaux. Alors toutes les physionomies s'animent ; on se rassemble, on court à la rencontre de ces animaux sauvages, que des conducteurs, montés sur des chevaux-camargues et armés de tridens, amènent des pâturages voisins. Bientôt la foule rétrograde précipitamment, en poussant mille cris tumultueux, et se réunit dans la place principale de la ville, dont on a barricadé les issues et autour de laquelle des échafauds ont été élevés. En peu d'instans, ces échafauds, ces barricades, les fenêtres et quelquefois même le toit des maisons sont garnis d'individus de tout âge, de tout sexe, dont la figure animée exprime l'impatience et la joie. Il ne reste au milieu de l'arène, que ceux qui, dédaignant le simple rôle de spectateurs, veulent prendre une part active à la scène qui se prépare. Enfin tous les vœux sont satisfaits. Au son bruyant des tambours et des hautbois, instrumens ordinaires des ménétriers de ce pays, aux acclamations de la multitude, une barrière s'ouvre, et le taureau s'élance. Qu'on ne s'attende point alors à voir, comme en Espagne, un torréador attaquer l'animal furieux, le saisir par les cornes et le terrasser. Ici, les combattans, semblables aux Parthes, harcèlent leur ennemi en fuyant. Munis de bâtons, ils le provoquent, excitent sa fureur, l'évitent sans cesse, et se hasardent, tout au plus, en employant la ruse et l'adresse, à lui enlever la cocarde qui décore son front. Lorsque le taureau, haletant de fatigue, fumant de sueur, et les naseaux ensanglantés, renonce à poursuivre ses adversaires , on lui rend la liberté , et d'autres le remplacent successivement. Malgré le soin que mettent les prudens champions de ces combats à se soustraire au danger par une fuite précipitée, on ne voit que trop souvent l'un d'entre eux , atteint dans sa course, et soulevé par les cornes ou foulé sous les pieds de l'animal irrité. Alors un cri de terreur s'élève autour du cirque, et nul cependant ne s'étonne d'être venu chercher un plaisir dans un spectacle aussi révoltant.

Ce genre de divertissement, qui réunit à la fois, il est vrai, tout ce qui constitue les divers plaisirs inventés par les hommes : l'exercice du corps et les émotions de l'âme ; mais qui accuse un reste de la barbarie des temps anciens , n'est pas recherché seulement par les habitans d'Aiguesmortes , il est commun à toutes les villes des environs et même à celle de Nismes , où les Arènes en sont aujourd'hui le théâtre , comme elles l'ont été , sans doute, à l'époque de leur fondation (1).

---

(1) Les combats de taureaux , qui furent probablement introduits dans ces contrées par les Romains, si curieux de ces sortes de spectacles, ont été aussi en usage dans la plupart des villes de la Grèce. Les habitans de Larisse étaient cités pour l'adresse et l'audace qu'ils montraient dans ces combats ; ceux de

Je ne décrirai point les joutes qui suivent quelquefois les courses de taureaux. Ces jeux nautiques , qui semblent un héritage ou une imitation des anciens tournois , et où les combattans , armés de pavois et de lances, ont , au lieu de juges de camp , des prud'hommes pour décider de leurs coups, ressemblent ici à tous les spectacles du même genre dont nos ports de mer sont devenus la lice.

J'aurais voulu terminer ce que j'avais à dire sur les habitans d'Aiguesmortes , par un article biographique. Mais quelle que soit , en général , leur indifférence pour les études, quelle que soit peut-être l'influence du climat, on ne doit pas s'étonner qu'une ville , dont la population est si restreinte , n'ait produit jusqu'à ce jour aucun homme célèbre. Le seul dont j'aurais pu faire mention est un peintre paysagiste , nommé Théaulon , mort en 1781, à l'âge de 42 ans , et à qui son talent avait ouvert les portes de l'Académie de peinture. Si cependant , il était d'usage de parler des hommes vivans , je pourrais citer un auteur dramatique du même nom , qui , de nos jours,

---

Cyzique les livraient en l'honneur de Neptune , dans des fêtes connues sous le nom de *Taurocholics*.

s'est fait applaudir sur tous les théâtres de la capitale.

———

CLIMAT.

Le climat d'Aiguesmortes ne mérite plus en entier la funeste réputation que lui ont léguée les temps antérieurs. Depuis bien des années, il est rare que l'on compte dans cette ville un plus grand nombre de malades , proportion gardée , que dans celles qui l'avoisinent , situées comme elle au milieu d'un pays marécageux.

On y jouit ordinairement d'un ciel aussi pur, aussi brillant que celui de la Provence ou de l'Italie. En hiver , la température est d'une douceur extrême ; la neige n'y vient presque jamais attrister les regards , et le thermomètre de Réaumur ne marque que fort rarement deux ou trois degrés au-dessous de zéro (1). Si les vents du nord, qui prédominent dans cette saison, n'apportaient l'air glacial qu'ils chassent des Cévennes, on n'y éprouverait nullement les ri-

———

(1) Dans l'hiver de 1819 à 1820 , il descendit cependant jusqu'à 10 degrés et demi. Mais on sait que cet hiver fut le plus rigoureux qu'on ait éprouvé en France depuis 1789.

gueurs du froid. Les changemens subits et
fréquens que ces vents occasionent dans la
température donnent naissance aux affections
catarrhales , et surtout aux fluxions de poitrine,
les plus mortelles maladies qui désolent cette
contrée. Le passage de l'hiver à l'été se fait
très-brusquement. Dans cette dernière saison ,
la chaleur ne s'élève guère au-dessus de vingt-
cinq degrés , et souvent elle est modérée par
les vents du nord et celui du sud-ouest, connu
généralement sous le nom de *garbin*, et que
dans le pays on nomme le *labech* (1). Les
premiers, quand ils soufflent après les vents
du sud , amènent des pluies bienfaisantes; et
le dernier, s'élevant ordinairement vers le milieu du jour, quand aucun autre ne s'est em-
paré de l'atmosphère, répand une fraîcheur aussi
salutaire que vivement désirée. Mais le fléau de
ce pays, c'est le *marin :* nom que l'on donne
au vent du sud-est dont la maligne influence
est ailleurs plus ou moins connue (2). Il arrive
chargé de toute l'humidité de la mer, de toutes
les exhalaisons putrides des marais et des étangs;

---

(1) Ce mot dérive évidemment de l'italien *libeccio*,
qui a la même signification.

(2) Ce vent , nommé en Italie le *scirocco* , y produit
en divers lieux , et principalement à Rome, une partie
des mêmes effets qu'à Aiguesmortes.

il couvre la terre de brouillards et le ciel de nuages; il ronge les murs, rouille les métaux, pénètre tous les vêtemens qu'on lui oppose, répand dans tous les membres du corps humain une pesanteur accablante, et dans les facultés morales une apathie dont il est impossible de triompher. Alors l'appétit se perd , les fonctions digestives deviennent de plus en plus paresseuses, et les fièvres intermittentes se déclarent.

Ces fièvres , qui se présentent ici sous tous leurs types différens , tierces , quartes , quotidiens , anomales , etc., exercent leurs ravages depuis le milieu de l'été jusques à la fin de l'automne. Elles produisent moins souvent la mort qu'on ne le pense généralement ; mais, suivies presque toujours d'obstructions dans les viscères du bas-ventre , et se renouvelant avec facilité chez les individus qui en ont été atteints, elles affaiblissent la constitution et avancent le terme de la vie. En comparant les tableaux de Buffon sur les probabilités de la durée de la vie humaine, avec ceux que M. Dax; ancien médecin d'Aiguesmortes a calculé (1) sur les registres publics de cette ville, on remarque que les espérances de la vie n'y décroissent d'une manière sensible, qu'après

---

(1) Voy. son ouvrage intitulé : *Mémoire pour servir à la topographie médicale d'Aiguesmortes.*

l'âge de cinquante ans : ce qui prouve, comme je viens de le dire, que ces maladies endé- miques nuisent plus à la longévité qu'elles ne causent de mortalité.

PRODUCTIONS VÉGÉTALES ET ANIMALES.

Avant de faire connaître les productions que fournit le territoire d'Aiguesmortes , il convient d'entrer dans quelques détails sur les amélio- rations dont on pourrait le croire susceptible,

Déjà , depuis un certain nombre d'années , ce territoire s'est , en quelques parties, sensi- blement amélioré. On doit cet heureux chan- gement aux soins plus assidus que , de nos jours, on y donne à la culture des terres, et surtout aux alluvions du Vidourle , de cette rivière qui jadis versait tous ses limons dans le port et dans les canaux , et qui maintenant les dépose par- tout où des mains prévoyantes savent les intro- duire. Mais il semble naturel de penser, qu'on pourrait ici agrandir encore le domaine de l'a- griculture, en desséchant les marécages dont les exhalaisons empoisonnent cette contrée. Un tel projet peut séduire au premier coup-d'œil; mais il rencontrerait dans son exécution les obstacles les plus difficiles à surmonter. Il suffit pour en être convaincu, de savoir que tous ces marais, tous ces étangs ont leur niveau au-dessous de celui des plus basses eaux de la mer (1). Peut-être en éprouvera-t-on moins de regrets, si l'on considère que cette entreprise est moins nécessaire et serait moins utile qu'on aimerait à le supposer. La plupart des étangs sont indispensables aux salines de Peccais, qui sans leurs eaux n'auraient plus d'aliment, n'auraient plus même d'existence. Quelques autres, et principalement l'étang du Repausset, sont des pêcheries très-productives, dont les eaux profondes et facilement agitées par les vents, n'exhalent aucun miasme dangereux. Divers marais, répandus çà et là, ne sont pas sans rapport : on y récolte des joncs et des roseaux, qu'on sait utiliser dans le pays, et dont le produit est considérable.

De toutes ces eaux stagnantes et marécageuses, celles qui n'offrent aux habitans d'Aiguesmortes que des dangers, celles dont il serait le plus

______

(1) Cette assertion ne sera démentie par aucun des ingénieurs qui ont examiné ce pays. Je ne parle, au reste, que des étangs et des marais situés dans les environs d'Aiguesmortes. Quant à ceux qui bordent le canal de Beaucaire, leur desséchement présenterait moins de difficultés, et les concessionnaires de ce canal sont tenus de l'opérer.

désirable qu'on les affranchît , ce sont les eaux de l'*étang de la ville*. On parviendrait sans doute à les tarir , soit en y détournant le cours limoneux du Vidourle , soit en adoptant les moyens d'épuisement pratiqués en Hollande. Mais encore , il faut le dire, une pareille tentative ne serait pas sans inconvénient : d'abord , à mesure que les eaux diminueraient, elles formeraient un marais fétide qui, pendant de longues années , causerait dans la ville les plus cruels ravages ; et puis, quand elles se seraient écoulées, si surtout on n'avait point employé le Vidourle (1) , mais les épuisemens , il ne resterait à découvert qu'un terrain sablonneux , inutile à l'agriculture. S'il m'était permis, dans un tel sujet, d'émettre mon opinion et mon vœu , je dirais qu'au lieu de se complaire en des projets , d'une exécution si difficile , et d'une nécessité contestable, il serait plus à propos d'aviser aux moyens d'établir entre ces marais, ces étangs et la mer une communication large, profonde et toujours bien entretenue. Cette communication ne laisserait jamais les eaux devenir croupissantes ,

———

(1) Les concessionnaires du canal de Beaucaire ont soumis au gouvernement le projet de détourner cette rivière dans l'étang du Repausset.

et produirait d'autres avantages qui feront l'objet de mon dernier article.

Revenons donc au territoire d'Aiguesmortes tel qu'il est aujourd'hui, et faisons connaître succinctement ses principales productions.

Dans le peu d'espace qu'occupent les champs cultivables, il est quelques produits agricoles qui réussissent parfaitement.

Il fut un temps où les vignobles étaient assez nombreux. Le vin qu'ils rapportaient pouvait suffire à la consommation de la ville pendant une partie de l'année, puisqu'il était défendu d'y vendre d'autre vin depuis la récolte jusqu'au mois de mars. Diverses causes ont fait abandonner ce genre de culture, et maintenant on ne voit que quelques vignes éparses, dont le produit n'est guère estimé.

Les plantes céréales se plaisent dans certaines parties du territoire. Elles y croissent rares, mais vigoureuses, et donnent un grain d'une excellente qualité. On recherche principalement dans tous les environs l'avoine et le seigle d'Aiguesmortes.

A défaut de prairies, on cultive avec beaucoup de succès la luzerne, qui donne jusqu'à cinq ou six récoltes par an.

Les légumes et les fruits, dont on se pourvoit en grande partie dans les villages voisins, viennent cependant très-bien sur le sol d'Aiguesmortes , et ils suffiraient aux besoins des habitans , si l'on consacrait plus d'espace et plus de soins à la culture des jardins.

Les joncs et les roseaux , ainsi que je l'ai dit, forment une partie essentielle des produits de ce territoire. Les derniers remplacent avantageusement le fourrage , si rare dans cette contrée, et servent, dans les salines de Peccais, à mettre à l'abri des injures de l'air les nombreuses masses de sel qu'on y élève. Les joncs tiennent lieu de paille pour la litière des bestiaux, et sont employés, après les semailles , à couvrir les terres sablonneuses, pour éviter que le vent ne leur ravisse le précieux dépôt qui leur est confié. Ces végétaux servent encore à quelques autres usages réclamés par les localités , et donnent enfin un revenu considérable aux propriétaires des marais.

Il est une production , dans ces terres humides et salées, de laquelle on pourrait retirer les plus grands avantages , si la culture en était plus commune et mieux entendue : c'est le kali, vulgairement nommé salicor , plante qui se convertit en soude par l'incinération, et qui fournit ainsi une des matières premières pour les verreries et les fabriques de savon.

Le tamaris croît naturellement et en abondance sur le bord des étangs et des marais. On doit s'étonner que les habitans d'Aiguesmortes ne cherchent à tirer aucun parti de cette plante , dont les cendres lessivées produisent le sulfate de soude , vulgairement dit sel de Glauber (1).

Quoique les chevaux-camargues aient leurs principaux haras dans l'île dont ils prennent leur nom , on en élève cependant un assez grand nombre dans les environs d'Aiguesmortes. Ces chevaux, que l'on dit d'origine arabe, et dont on s'occupe ailleurs (2) à régénérer la race , sont ici presque exclusivement employés au dépiquage des grains. Ils sont blancs, petits , d'une mince encolure , mais pleins d'ardeur et de vivacité. Ils paissent en troupes au milieu des marécages , passent la nuit en plein air, et ne reçoivent aucune espèce de soin.

Dans ces pâturages humides , errent en toute liberté des taureaux et des vaches sauvages , dont on retire un assez grand profit en les conduisant aux Arènes de Nismes, ou dans les fêtes locales des environs , et dont on se sert surtout pour les besoins de l'agriculture. Dans l'un ou

---

(1) C'est à tort que les auteurs de la *Description topographique et statistique de la France ,* disent qu'on voit à Aiguesmortes des fabriques de sulfate de soude , obtenu par les cendres du tamaris. Il n'en exista jamais dans cette ville.

(2) Dans les haras d'Arles.

l'autre cas , on parvient à s'en rendre maître, en amenant auprès deux des bœufs domestiques qu'ils suivent sans difficulté. La bouse de ces animaux est recherchée par les pêcheurs et la classe indigente du canton : ils en font une espèce de commerce , et s'en servent pour alimenter leur foyer.

Le territoire d'Aiguesmortes fournit abondamment toute sorte de petit gibier. Les marais et les étangs sont peuplés d'une multitude d'oiseaux aquatiques , tels que les canards sauvages , les macreuses , les sarcelles , les martins-pêcheurs , etc. , etc.

Les flammans, ces superbes oiseaux que les Grecs ont nommé *ailes de flamme* (phénicoptères), arrivent de l'Afrique vers l'entrée de l'automne. Ils descendent dans un marais, se rangent sur une même file , placent des sentinelles et cherchent tranquillement leur proie. Leur corps , revêtu d'un plumage blanc, porté sur de longues jambes et surmonté d'un cou effilé , n'a pas moins de quatre à cinq pieds de hauteur. On les prendrait de loin pour une ligne de soldats. Au cri bruyant de leurs sentinelles , ils s'élèvent tumultueusement , déployant leurs ailes rouges et noires, et transportent leur camp dans un marais plus éloigné. Il est difficile de les approcher; et d'ailleurs , quoi qu'en disent plusieurs naturalistes , leur chair est coriace et d'une saveur déplaisante. Ces volatiles séjournent et se reproduisent dans le pays.

Outre les manières connues de chasser les oiseaux aquatiques, on en pratique ici quelques-unes qui méritent d'être citées.

Veut-on faire une ample capture de canards sauvages ? Oubliant les armes à feu, on place dans les étangs, à deux pieds sous la surface des eaux, de longs filets à larges mailles ; et lorsque ces oiseaux plongent pour saisir une herbe dont ils sont très-friands, ils deviennent victimes de leur avidité. On en prend ainsi de deux à trois cents dans une seule journée.

La chasse des macreuses offre un spectacle singulier, qui souvent attire d'assez loin une multitude de curieux. Soixante ou quatre-vingts chasseurs s'embarquent dans un pareil nombre de nacelles. Ils partent d'une extrémité de l'étang, en occupent toute la largeur, en se tenant à une certaine distance l'un de l'autre et formant une espèce de demi-cercle, et s'avancent ainsi vers le bord opposé. Les macreuses fuyent devant eux ; mais quand elles sont arrivées près de la terre, plutôt que d'abandonner leur élément accoutumé, elles se décident, pour y revenir, à braver le danger que, jusqu'à ce moment, elles ont évité. Alors elles passent, comme une nuée, au-dessus des chasseurs :

un feu de file commence , se soutient , se re-
nouvelle, et les macreuses tombent par centai-
nes dans l'eau qui rejaillit. Une seule chasse
de cette espèce produit quelquefois sept à huit
cents de ces volatiles ; et c'est un objet de
spéculation pour les propriétaires ou fermiers
des étangs.

INDUSTRIE.

§. I.ᵉʳ *Pêche.*

La pêche, qui fut sans doute la première
industrie des habitans d'Aiguesmortes, fournit
encore à quelques-uns d'entre eux leurs principaux moyens d'existence. Les parages de cette
côte produisent à peu près les mêmes espèces
de poissons et de coquillages que les autres
parties de la Méditerranée. Les étangs en sont
abondamment pourvus ; mais en été, lorsque
les eaux sont basses, ils y contractent un goût
vaseux qui décèle alors leur qualité malfaisante.

Le produit de la pêche s'expédie dans les
villes voisines, dans les Cévennes et principalement à Nismes.

Outre celle qui se fait en pleine mer, il en
est une particulière à ce pays, qui se pratique

sur le rivage même , et que favorise la pente doucement inclinée de cette côte. Au point du jour , deux bateaux vont jeter, à une certaine distance dans la mer , l'extrémité d'un immense filet, nommé *bouliech* , à laquelle sont attachées deux longues cordes, dont une soixantaine de pêcheurs, placés sur le bord de l'eau , tiennent les bouts. Réunissant ensuite leurs efforts, ils les tirent à eux; et le filet, se repliant sur lui-même, verse sur le rivage des milliers de poissons de toute espèce et de toute grosseur.

On fait encore dans les étangs une pêche, dont le nom, dérivé du grec, annonce l'ancienneté. C'est celle des *bourdigues* , sorte de labyrinthe construit en roseaux , et composé de différens réservoirs , dans lesquels le poisson s'introduit successivement, sans pouvoir revenir sur lui-même, jusqu'au dernier, d'où on le retire avec des filets faits en forme de poche.

---

§. II. *Salines de Peccais.*

S'il fallait en croire Pline l'ancien, de son temps les Gaulois se seraient servi d'un procédé bizarre pour se procurer du sel. « Ils allument, « dit-il , un grand bûcher ; quand le bois est « bien consumé et réduit en braise, ils jettent « sur les charbons de l'eau salée qui les éteint;

« et ces charbons ensuite leur tiennent lieu de
« sel. » Mais on doit penser que ce grand naturaliste, trompé sur ce point par des ren-
seignemens inexacts, s'est formé une fausse idée
de l'usage, encore existant dans les provinces
éloignées de la mer, où se trouvent des fon-
taines salées, d'en extraire le sel par l'action
du feu. Comment ne pas être persuadé que,
de tout temps, en France comme ailleurs, les
habitans des pays maritimes ont su recueillir
cette utile substance que la mer dépose sur
tous ses rivages ? Lorsque l'art, perfectionnant
en cette partie l'œuvre de la nature, fut parvenu chez nous à dérober à la mer, en grande
quantité, ce qu'elle offrait avec tant d'avarice,
il est à présumer encore que les marais d'Aiguesmortes furent un des premiers lieux qu'ex-
ploita cette nouvelle industrie. On sait, en effet,
que les salines de la Bretagne n'existent que
depuis le dix-septième siècle ; on connaît aussi
l'époque plus reculée où s'établirent celles de
la Saintonge (1) ; et l'origine des salines de Peccais, les plus anciennes de la Méditerranée, se
perd dans la nuit des temps.

Situées à une demi-lieue de la mer et à près
de deux lieues d'Aiguesmortes, ces salines sont
entourées d'une chaussée d'environ quatre lieues

______

(1) Voy. Legrand-d'Aussy, *Vie privée des Français.*

de circuit, qui les garantit des irruptions de la mer et des inondations des rivières. Un canal, reste de l'ancien bras du Rhône, et qui s'unit auprès du fort de Peccais à celui du Bourdigou, les borde sur toute leur étendue.

Elles étaient autrefois au nombre de dix-sept. Les deux principales appartenaient, l'une à l'abbé de Psalmodi, et puis à l'évêque d'Alais; l'autre au Grand-Prieur de l'ordre de Malte, résidant à Saint-Gilles (1). Devenues propriétés nationales, ces deux salines ont fait partie du domaine privé de la couronne, et ont ensuite passé dans le domaine de l'état. Les autres appartenaient, dans le treizième siècle, aux seigneurs d'Uzès qui les inféodèrent à plusieurs particuliers, se réservant, pour droit de champart, la septième partie des récoltes (2). Depuis cette

---

(1) Lorsqu'en 1546, le Grand-Prieur de Saint-Gilles voulut transformer en saline une partie du terrain de Peccais, qui lui appartenait, il eut besoin de l'eau du Rhône-mort, et, pour en obtenir la jouissance, il assura à la ville d'Aiguesmortes le douzième de ses récoltes. Ce douzième forme encore une partie du revenu de la commune.

(2) En 1290, l'un de ces seigneurs, nommé Bermond, céda ce droit de septain à Philippe-le-Bel, en échange de la baronie de Remoulins. Le gouvernement n'a jamais cessé de l'exiger, même après l'abolition des droits féodaux. Ce n'est qu'en 1808, que les propriétaires ac-

époque, elles ont été successivement possédées par divers propriétaires qui, s'étant enfin réunis en société (1), en ont abandonné sept des moins productives, pour diminuer les frais d'exploitation et augmenter en même temps la récolte de celles qu'ils tiennent en activité.

Les travaux de la *saunaison* commencent vers le mois de mai. La première opération, nommée le *nivelage*, consiste à dessécher, nettoyer et aplanir les tables destinées à la formation du sel. En même temps on introduit par divers petits canaux, fermés ordinairement par des martillières, l'eau des étangs voisins dans de vastes réservoirs, nommés *partènemens*. Lorsque, par l'action du soleil, les eaux ont acquis environ douze degrés de chaleur, on les fait écouler, par des rigoles appelées *gorgues*, dans d'autres réservoirs divisés en plusieurs parties, où elles sont successivement promenées jusqu'à ce qu'elles soient parvenues à vingt-deux ou vingt-trois degrés. Alors on les verse, au moyen de puits-à-roue, dans les tables, et l'on a soin,

---

tuels se sont refusés à le payer. Il s'en est suivi un procès; et dans ce moment, le domaine, débouté de ses prétentions par la Cour royale de Nismes, a formé son pourvoi devant la Cour de cassation.

(1) A l'exception d'un seul, propriétaire de la saline, dite la Gaujouge.

à mesure qu'elles s'évaporent, de les entretenir à trois pouces environ de hauteur. Ces tables, contiguës les unes aux autres, ont à peu près 210 toises carrées de surface, et sont séparées par de petites chaussées en terre, qui portent le nom de *queirels*. C'est là, que les eaux, échauffées par les ardeurs de la canicule, achèvent de s'évaporer, tandis que les parties salines qu'elles contiennent se cristallisent, se précipitent et forment une couche de sel, qui prend quelquefois jusqu'à deux pouces d'épaisseur.

Jusqu'à ce moment, quelques hommes ont suffi pour ces travaux préparatoires. Mais alors une multitude d'ouvriers, accourus de Nismes, des Cévennes et des villages voisins, inondent les salines. Lorsqu'elles sont toutes en saunaison, on en compte plus de deux mille (1). Les uns, munis de pelles de bois, amoncellent le sel, au milieu des tables, en petites gerbes coniques : opération qu'on nomme le *battage ;* les autres ensuite le transportent dans des cabas sur des entrepôts, où l'on en forme de grandes masses prismatiques, nommées *camelles.* C'est ce qu'on appelle le *levage,* et ce qui complette les travaux de la récolte, laquelle finit ordinairement dans les premiers jours d'août.

---

(1) On emploie par chaque saline de 250 à 300 hommes.

(123)

Pendant l'hiver , et lorsque le sel a subi un premier déchet , celui des salines intérieures est voituré par des canaux , pratiqués pour ce transport , jusque sur le franc-bord du canal de Peccais , où tous les sels se réunissent et sont entassés en nouvelles camelles qu'on recouvre ensuite de roseaux. C'est là que les barques viennent les prendre pour les transporter , d'un côté par le canal du Midi jusqu'à Toulouse , de l'autre par le Rhône , l'Isère et la Saône, jusque dans la Bourgogne , la Suisse ou la Savoie, les points les plus éloignés où s'étende le débit des sels de Peccais.

Si chaque année on exploitait toutes les salines actuellement existantes , elles produiraient plus de 1,200,000 minots ou demi-hectolitres de sel. Mais comme les récoltes doivent naturellement se baser sur les ventes, on n'en met en saunaison qu'une partie; et, depuis bien des années, la récolte annuelle s'élève , tout au plus , à 800,000 minots (1). Les deux salines de l'état fournissent environ le quart de ce produit.

---

(1) Je comprends dans ce résultat le produit de trois nouvelles salines qui, depuis quelques années, se sont formées hors de l'enceinte de Peccais , et qui , par leur rapprochement, peuvent être considérées comme en faisant partie.

Avant l'établissement de l'impôt actuel, le prix du sel était monté jusqu'à trois francs le minot. Il ne dépasse plus maintenant soixante centimes (1), et c'est à peu près le prix qu'en retiraient les propriétaires au temps de la gabelle.

Il n'est pas hors de propos, ce me semble, que j'entre ici dans quelques détails sur cet ancien impôt, dont le nom seul était jadis un épouvantail pour le peuple, et qui, depuis qu'on l'a rétabli, s'il est toujours funeste aux propriétaires des salines, est du moins peu senti par les consommateurs.

Quoique le mot de *gabelle* fut inconnu chez les Romains, ce qu'il exprime ne l'était point.

---

(1) Ce prix est celui d'un minot conventionnel de 50 kilogrammes, sur le pied duquel se payent aussi la plus grande partie des frais. Si on voulait donc se faire une idée du revenu des salines de Peccais, il faudrait réduire la récolte commune, c'est-à-dire, les 800,000 demi-hectolitres, dont le poids moyen peut être évalué à 45 kilogrammes, en minots de 50 : ce qui donne pour résultat 720,000 minots, lesquels à 60 cent., produisent 432,000 fr. Si maintenant de ce revenu brut, on voulait déduire les frais, on pourrait les évaluer, ainsi qu'il suit : Frais d'exploitation......... 20 c. le minot.

  — d'enlèvement.......... 5

  — d'entretien, le moins. 10

          35 c., c'est-à-dire,

plus de la moitié du prix actuel de vente.

La cinquième année de la seconde guerre punique (213 ans avant J. C.), Marcus Livius, censeur, imposa un droit sur le sel (1). Un pareil droit existait encore sous les empereurs, ainsi qu'on le voit par la loi 11 du code *de vectigalibus et commissis*. Ce mot, soit qu'il provienne (2) de l'hébreu *gab* (don) ou *ghavel* (loi inique), soit qu'il dérive (3) de l'arabe *al cavala* (recette), ou enfin (4) du saxon *gabel* (tribut), s'introduisit dans la basse-latinité, et passa dans les langues espagnole, italienne et française, où il s'appliqua à toutes sortes d'impôts. Enfin chez nous il fut restreint à la simple signification d'impôt sur le sel (5).

On attribue généralement l'établissement de la gabelle en France à Philippe de Valois; et cette opinion se fonde sans doute sur le surnom de *Roi de la loi salique* qu'Édouard III

---

(1) Tite-Live , liv. 9.
(2) Guichard.
(3) Ménage.
(4) Ducange.
(5) On donne encore d'autres origines au mot de gabelle. Quelques auteurs disent qu'il vient de *javette* on *garbelle*, à cause d'une gerbe qu'on percevait autrefois sur chaque monceau de blé (Bodin, *de la république* , liv. 6, ch. 2). D'autres prétendent qu'il procède du verbe *gabeter* , qui signifie faire sécher le sel (Charondas, *Pandectes* , liv. 1. , chap. 18).

lui avait donné. Cependant quelques historiens ont prouvé que Philippe-le-Long, en 1318, et que même Philippe-le-Bel, en 1286, avaient établi momentanément un impôt sur cette denrée (1). Je ne crains pas d'affirmer qu'avant cette dernière époque, la gabelle était déjà connue, puisque je trouve dans les lettres patentes de Saint Louis, données l'an 1246, relativement aux priviléges d'Aiguesmortes, que cette ville est affranchie, outre les autres impôts, de celui sur le sel (*gabella salis*). Quoi qu'il en soit, jusqu'à Philippe de Valois la gabelle ne fut que temporaire ; et lorsque ce prince la rétablit, il promit, par son édit du 15 février 1345, qu'elle serait supprimée aussitôt après la guerre. Mais la guerre continua pendant toute la durée de son règne. Sous le roi Jean, son successeur, les États-généraux, tenus à Paris, en 1355, réduisirent toutes les impositions à deux : l'une, de huit deniers pour livre, sur toutes les mutations de biens, hormis les héritages ; l'autre, de quatre deniers, sur le sel. Et celle-ci, depuis, loin d'être jamais abolie, fut successivement augmentée/ Charles VII, le premier de nos rois qui ait imposé de nouveaux tributs sans le concours des États-généraux, porta la gabelle à six

______

(1) *Art de vérifier les dates.*

deniers ; Louis XI l'éleva jusqu'à douze. François I.ᵉʳ, qui, en 1542, l'avait fixée à vingt-quatre livres tournois par muids, la porta dès l'année suivante à quarante-cinq livres. Après lui, elle subit encore de nouvelles augmentations ; et lorsqu'elle fut abolie, le minot de sel, en Languedoc, était payé par le consommateur de trente-trois à trente-quatre francs le minot, c'est-à-dire, environ le double du prix actuel.

A partir de Philippe de Valois, les marchands-sauniers furent contraints d'apporter et de débiter leur sel dans un lieu désigné qu'on appelait *grenier*. Là, les officiers préposés par le Roi assistaient à la vente et percevaient l'impôt. Ce mode de perception subsista jusques sous le règne de Henri II. Mais ce prince, en 1547, s'attribua le privilége exclusif de la vente du sel, et le mit en ferme. Dès-lors, les propriétaires des salines ne purent vendre leur récolte qu'aux fermiers du Roi. Ceux-ci avaient un code particulier, une force-armée à leurs ordres ; ils faisaient transporter les sels dans leurs greniers, en taxaient eux-mêmes le prix, et pouvaient, en quelques provinces, obliger chaque famille à leur en acheter une quantité déterminée. Si l'on contrevenait à leurs règlemens, ils avaient le droit de saisir les biens, d'emprisonner et de condamner à mort. Plusieurs provinces ache-

tèrent de Henri II l'exemption de la gabelle et
s'appellèrent pays de franc-salé (1). Le Languedoc, où l'impôt sur le sel s'était introduit en
1369, sous le règne de Charles VI, était au nombre des provinces où l'achat était volontaire. Les
propriétaires des salines de Peccais vendaient
leur sel aux fermiers douze sous le minot ; mais
les frais d'enlèvement étaient à la charge de
ces derniers. A cet effet , des offices de *pa-
layeurs* (2) , *radeurs , compteurs ,* etc. , payés
par eux , mais conférés par le Roi , étaient ache-
tés par les principaux habitans d'Aiguesmortes,
qui cependant ne les exerçaient pas eux-mêmes,
et les faisaient remplir par des ouvriers dont ils
payaient le travail.

Enfin, en 1790, l'Assemblée constituante sup-
prima la gabelle , et des cris de reconnaissance
s'élevèrent de toutes les parties du royaume.
Cette denrée de première nécessité ne jouit
pas long-temps de sa franchise. Mais du moins

---

(1) Le Poitou , la Saintonge , le pays d'Aunis , le
Périgord , la Marche , l'Angoumois , le Limousin et la
Guyenne qui paya , pour sa rédimation , douze cents
mille écus. Les pays qui appartenaient alors à l'Angleterre , et les provinces qui furent ensuite conquises,
stipulèrent leur franc-salé, en passant sous l'autorité
des rois de France.

(2) Ouvriers à la pelle.

le nouvel impôt qui l'atteignit, perçu par les agens directs du gouvernement, et ne s'exerçant que sur les lieux d'exploitation, ne fut point accompagné de tous les accessoires qui rendaient la gabelle si odieuse. La loi du 24 avril 1806, qui créa ce nouveau droit, et le fixa à deux décimes par kilogramme, déclara qu'il serait dû par l'acheteur au moment de l'extraction des salines, mais que néanmoins les sels destinés pour les ports de mer et pour les entrepôts établis dans l'intérieur de la France, ne l'acquitteraient qu'après avoir rempli leur destination. Elle accorda, en outre, au commerce la faculté de le payer en traites cautionnées à 3, 6 et 9 mois de date. Il résulta de cette dernière disposition, que le droit acquitté au comptant jouit d'un escompte, qui a dû nécessairement varier suivant le taux de l'intérêt, et qui est actuellement fixé à trois pour cent. De plus, un décret du 11 juin 1806, régla que le droit ne serait perçu qu'après une déduction de cinq pour cent accordée pour le déchet. La même loi du 24 avril, avait affranchi du droit les sels destinés pour l'étranger, la pêche maritime et les salaisons; un décret de 13 octobre 1809, étendit cette exemption à ceux destinés pour les fabriques de soude. Le 11 novembre 1813, un simple décret porta cet impôt à quatre décimes par kilogramme; mais enfin la loi

du 17 décembre 1814, le réduisit à trois décimes, tel qu'il existe encore aujourd'hui.

Depuis plusieurs années, le revenu de l'impôt sur le sel figure sur le budget de l'état, pour
environ quarante millions. Les seules salines
de Peccais fournissent presque le quart de ce
produit (1).

COMMERCE.

On ne fait dans Aiguesmortes d'autre commerce que celui de commission, soit à l'occasion des sels qui s'expédient de Peccais pour
l'intérieur de la France et pour l'Étranger,
soit à l'occasion de diverses denrées et marchandises que fournit ou consomme le dépar-

---

(1) On en peut juger par le tableau approximatif
suivant :

Enlèvemens, année commune.	800,000 1/2 h.	Du poids moyen de 45 kil.	36,000,000 k.
Sels dont le droit s'acquitte à Aiguesmortes.	12,000,000 k.	A 3 d. le k., déduction faite du 5 p. 0/0 p. déc.	3,420,000 fr.
Sels destinés pour l'Entrepôt de Lyon, celui de Toulouse et les ports de mer.	21,000,000	Droits assurés	5,985,000
Sels pour la Suisse et la Savoie.	3,000,000	En exemption de droit.	»
	36,000,000 k.		9,405,000 fr.

tement du Gard , et qui , malgré les difficultés
que présente le grau du Roi, en prennent quelquefois la route. Ces marchandises n'en choisi-
raient jamais d'autre , s'il était d'un accès plus
facile et plus sûr.

Me voici donc naturellement conduit à dé-
montrer quels avantages résulteraient pour la
ville d'Aiguesmortes , et surtout pour le département du Gard , de l'amélioration de ce port.

RESTAURATION DU PORT D'AIGUESMORTES.

Conservant le souvenir du rang qu'elle occupa
dans l'histoire , de l'éclat dont elle brilla jadis,
de la faveur royale dont elle fut si long-temps
l'objet; considérant combien il serait facile, en
profitant de son heureuse position , non-seulement de lui restituer son ancienne prospérité , mais d'accroître en même temps celle
des cités qui l'avoisinent, la ville d'Aiguesmortes,
depuis sa décadence, n'a jamais cessé de réclamer , ni même d'espérer ce qui pouvait seul
produire tant de biens , c'est-à-dire , la restauration de son port. Long-temps la rivalité de
la ville de Sette et la protection qu'accordaient
à celle-ci les États du Languedoc, paralysèrent
tous ses efforts et rendirent vaines ses infati-

gables sollicitations. Enfin , par la nouvelle division de la France en départemens , elle se vit affranchie des principaux obstacles qui s'opposaient au succès de ses démarches, et put espérer de trouver un appui dans les habitans d'une contrée dont l'intérêt devenait commun avec le sien.

Son attente ne fut point trompée. Ce ne fut cependant que dans l'année 1806 , qu'elle crut devoir de nouveau manifester ses vœux. M. Dalphonse était alors préfet du Gard. Ce magistrat , dont la mémoire sera toujours sacrée dans Aiguesmortes, en accueillit favorablement l'expression , en dirigea lui-même l'essor, et en seconda de tout son pouvoir l'accomplissement.

Guidé par ses avis , le conseil municipal demanda , l'année suivante (1) , que , pour subvenir aux dépenses qu'exigeait la restauration du port , une imposition extraordinaire de trois centimes par franc fût établie sur les contributions du troisième arrondissement , dont Aiguesmortes fait partie , et dont les habitans se trouvaient plus immédiatement intéressés à l'exécution de cet ouvrage. Adoptée par le conseil du troisième arrondissement , cette proposition fut portée au conseil général ; et celui-ci,

---

(1) Délibération du 13 mai 1807.

dans sa séance du 21 octobre 1807, reconnaissant que les habitans du Gard devaient concourir tous, en raison de l'avantage plus ou moins direct qu'ils en retireraient, au rétablissement du port d'Aiguesmortes, vota, pour être perçue pendant l'espace de six années, une imposition additionnelle de cinq centimes par franc sur les contributions foncière, personnelle et mobilière de l'arrondissement de Nismes, et de deux centimes par franc sur les mêmes contributions du reste du département.

Aussitôt un plan fut levé (1), un devis fut dressé ; et, après les lenteurs inévitables que devait entraîner l'approbation définitive d'un tel projet, un décret du 17 mars 1809, confirmé par la loi du 27 décembre de la même année, ordonna la construction du port et la perception des contributions extraordinaires qu'on avait votées.

Un simple aperçu des travaux que l'on devait entreprendre fera juger de leur importance, de leur nécessité et de leur facile exécution.

On se proposait d'abord de réparer le grau du Roi, c'est-à-dire, de rendre son ouverture plus profonde, de fortifier les môles et les digues qui le forment, et même de les prolonger plus avant

-----

(1) Par M. Durand, ingénieur ordinaire du département.

dans la mer ; de recreuser ensuite le canal de la Grande Roubine , au point de recevoir constamment trois mètres (9 à 10 pieds) de hauteur d'eau , et de consolider d'une manière durable les chaussées qui le bordent , et qui sont tellement délabrées , qu'elles tendent sans cesse , par leurs éboulemens , à rétrécir et combler le canal. On avait enfin l'intention de construire sous les murs de la ville , à l'extrémité supérieure de la Grande Roubine , c'est-à-dire , à sa jonction avec les canaux de la Radelle, de Beaucaire et du Bourdigou , un vaste bassin , bordé de quais , dans lequel se seraient réunis les bâtimens de mer , et où ils auraient pu commodément déposer leur cargaison et recevoir leur chargement de retour.

Dans le mois de juillet 1810 , ces travaux , dont la dépense était évaluée à la somme de 695,140 fr., furent mis en adjudication , et les entrepreneurs s'engagèrent à les terminer dans l'année 1816 ou 1817.

Après tant de vœux si souvent énoncés, tant de démarches si souvent renouvelées , Aigues-mortes croyait toucher enfin au terme de ses longues sollicitudes. Mais cette fois encore, son espoir s'évanouit bientôt. A peine avait-on commencé les travaux par la prolongation des môles , qu'ils furent subitement interrompus. Et depuis cette époque , les fonds , dont il reste encore une partie , n'ont été employés, qu'à l'entretien du grau et du canal , tels qu'on les laissa l'un et l'autre , et tels qu'ils sont en ce moment.

Si ce projet, abandonné lorsqu'il semblait si près d'être accompli , recevait un jour son exécution, développons enfin, quoiqu'il soit si facile de les apprécier , quels en seraient les heureux résultats.

Dès l'instant que les navires pourraient avec facilité entrer dans le grau du Roi et remonter sous les murs d'Aiguesmortes, le département du Gard posséderait, pour son commerce d'importation et d'exportation , un passage bien plus commode , bien moins dispendieux que ceux auxquels il est forcé de recourir, et qui par cela même augmenterait l'activité de ce double commerce.

Les marchandises que le Gard fait venir de Marseille pour sa consommation , telles que les savons, les fruits secs, les riz, les denrées coloniales, les bois de teinture, etc., se transportent à Nismes par la voie de terre ; les blés que lui fournit le même port , remontent le cours difficile du Rhône jusqu'à Arles où Beaucaire, ou bien abordent au port de Sette , et suivent la route des canaux jusqu'à Lunel ; c'est par cette dernière voie qu'il se procure les pâtes d'Italie , la poterie, les huiles, les fruits, etc., qu'apportent les Génois. Ces diverses marchandises n'arriveraient-elles pas à leur destination, avec moins de frais, avec moins de lenteur, et par conséquent en plus grande abondance, en passant par le port d'Aiguesmortes (1) ?

Les soieries et les madras, ces productions si justement vantées des manufactures du Gard, les produits des fabriques et des mines, tels que la soude et les eaux-de-vie, la houille, le plomb, l'antimoine, la couperose, etc., que le département expédie pour Marseille et l'Italie, pour les Pyrénées-Orientales, l'Aude et l'Espagne, en employant ou le port de Sette, ou la voie de terre, ne trouveraient-ils pas dans le port d'Aiguesmortes, une issue plus facile et plus économique, un débouché plus considérable ? Il en serait de

---

(1) Le prix de voiture de Marseille à Nismes est ordinairement de...... .... 4 fr. 50 c. les 100 kil

Le transport par mer, de Marseille à Aiguesmortes, est de................. .... 0 fr. 90 c.

La voiture d'Aiguesmortes à Nismes. 1 10

2 fr. *id.*

Je dois rappeler, du reste, comme je l'ai déjà dit, que, depuis quelques années, une partie de ces marchandises, principalement les blés, empruntent le port d'Aiguesmortes, malgré son mauvais état, et malgré la crainte qu'éprouvent les capitaines de ne trouver aucun chargement de retour.

même pour une des plus abondantes richesses du département, pour ses vins, qui sont tant recherchés par l'Italie, en concurrence avec ceux de l'Hérault, et qui, forcés d'aller se joindre à ceux-ci dans le port de Sette, y arrivent avec le désavantage d'avoir subi plus de frais de transport (1).

Outre les immenses ressources que le port d'Aiguesmortes offrirait au commerce du Gard, il servirait essentiellement à diverses branches du commerce général de la France. Les vins du Roussillon et de l'Espagne, qui, après avoir été déposés au port de Sette, pénètrent dans l'intérieur du royaume en payant des droits considérables de canal jusqu'à Beaucaire, n'auraient à supporter qu'une portion de ces mêmes droits, s'ils ne commençaient qu'à Aiguesmortes leur navigation intérieure. Les navires qui se rendent à la foire de Beaucaire, et dont la plus grande partie, remontant le cours du Rhône, éprouvent tant d'obstacles et tant de retardemens, trouveraient dans le port d'Aiguesmortes un accès toujours facile et sûr, et au lieu de

____

(1) Les avantages du port d'Aiguesmortes pour le commerce de Nismes seraient considérablement augmentés, si l'on construisait enfin le canal du Vistre, dont on avait autrefois conçu le projet, ainsi que je l'ai dit plus haut.

perdre quelquefois quinze à vingt jours dans leur trajet depuis la mer jusqu'à Beaucaire, arriveraient en moins de vingt-quatre heures à leur destination (1).

En même temps que le port d'Aiguesmortes contribuerait si puissamment à la prospérité du commerce du Gard et de celui d'une grande partie de la France, il procurerait à la ville elle-même un débouché plus étendu pour les sels de Peccais, qui ne s'enlèvent actuellement que pour l'intérieur du royaume, la Suisse et la Savoie, et qui, dès que les bâtimens d'un fort tonnage pourraient aborder à son port, s'expédieraient en abondance pour l'Italie, et peut-être même pour les états du nord de l'Europe, comme ceux que fournissent les salines d'Agde et de Sette.

De tant de biens sans doute en résulterait un plus précieux encore. La circulation des eaux constamment entretenue, et les travaux agricoles qu'entreprendrait une plus nombreuse population, concourraient efficacement à détruire les principales causes des maladies qui désolent cette contrée.

---

(1) De tous les navires qui se rendent à la foire de Beaucaire, il ne passe aujourd'hui par Aiguesmortes que ceux provenant des ports de la Méditerranée, situés à l'occident de cette ville.

Ainsi, par la seule restauration de son port, par un ouvrage dont nul ne conteste la nécessité, et dont on avait ordonné l'exécution, la ville d'Aiguesmortes verrait s'assainir son climat, se ranimer son industrie, se multiplier ses moyens d'existence, tandis qu'elle procurerait au département dont elle fait partie, et même à la France entière, des avantages inestimables.

F I N.

TABLE.

Fin de la Table.

A MONTPELLIER ,
De l'imprimerie de Jean MARTEL le Jeune , imprimeur
ordinaire du Roi, près la Place S.¹-Côme, n.° 283.
1821.

ERRATA.

Page 29, ligne 19, es Papes ; *lisez :* les Papes
— 33, lig. 15 et 16, roi Navarre; *lisez :* roi de Navarre
— 52, lig. 11, la théâtre ; *lisez :* le théâtre
— *idem.* lig. 12, publics, ; *lisez :* publics.
— 65, lig. 25, le Roi ; *lisez :* le Roi.
— 71, lig. 28 et 29, ren er mait; *lisez :* renfermait
— 87, lig. 13, la puissance ; *lisez :* sa puissance
— 89, lig. 1, réduite; *lisez :* réduites
— 109, lig. 9, susceptible , ; *lisez :* susceptible.
— 114, lig. 2, lessivées ; *lisez :* lixiviées
— 115, lig. 2, deux; *lisez :* d'eux
— 120, lig. 4, Bourdigou ; *lisez :* Bourgidou
— 134, lig. 12, Bourdigou; *lisez :* Bourgidou
— 141, lig. 20, fort ; *lisez :* port